ERI 독해가
문해력이다

3단계 심화

초등 3 ~ 4학년 권장

교과서를 혼자 읽지 못하는 우리 아이?
평생을 살아가는 힘, '문해력'을 키워 주세요!

'ERI 독해가 문해력이다'
독해 학습으로 문해력 키우기

1

학습 수준에 따라
체계적인 독해 학습이 가능합니다.

단순히 많은 글을 읽고 문제를 푸는 것만으로는 문해력이 늘지 않습니다.
쉬운 글부터 어려운 글까지, 글의 난이도에 따라 체계적인 단계 학습이 가능하도록 구성하였습니다.

2

특허받은 독해 능력 수치 산출 프로그램(특허 번호 제10-2309633)을 통해
과학적으로 구성하였습니다.

EBS가 전국 문해력 전문가, 이화여대 산학협력단과 공동 개발한 ERI(EBS Reading Index) 지수에 따라 과학적인 독해 학습이 가능합니다.

3

다양한 교과의 핵심 개념과 소재를 반영한
학년별 2권×4주 학습으로 풍부한 독해 훈련이 가능합니다.

독해의 3대 요소인 '낱말', '문장', '배경지식'의 수준을 고려하여 기본, 심화 단계로 구성하였습니다.
인문, 사회, 과학, 예술 영역 교과의 핵심 개념과 소재를 다룬, 다양한 글을 골고루 수록하였습니다.

4

관용 표현, 교과서 한자어까지 문제를 통해
어휘력의 깊이와 넓이를 동시에 키워 줍니다.

독해 능력의 40% 이상을 차지하는 어휘력은 독해 학습에 필수적입니다.
다양한 어휘 관련 문제로 어휘 학습까지 놓치지 않도록 하였습니다.

5

'한눈에 보는 읽기 방법'과 'STEAM 독해'로
문해력을 UP!

읽기 방법을 그림으로 표현한 '한눈에 보는 읽기 방법'으로 독해의 기본 원리를 확실히 잡을 수 있도록 하였습니다. 또한 지문 하나로 여러 과목을 동시에 학습하는 'STEAM 독해'를 통해 융합 사고력을 키우고, 문해력과 함께 문제 해결 능력을 쭈욱 올릴 수 있도록 하였습니다.

ERI 지수가 무엇인가요?

ERI(EBS Reading Index) 지수는
아이들이 읽는 글의 난이도를 낱말, 문장, 배경지식에 따라 등급화하여 정량화하고, 독해 전문가들이 정성평가를 통해 최종 보정한 수치로서 EBS가 전국 문해력 전문가, 이화여대 산학협력단과 공동 개발하였습니다.

ERI 지수는 어떻게 산정되나요?

각 학년마다 꼭 알아야 하는 읽기 방법, 교과의 핵심 개념과 학습 요소들을 중심으로 체계적으로 지문을 구성합니다.
구성된 지문의 낱말 수준과 문장의 복잡도, 배경지식이 학년 수준에 적합한지 여부를 계산합니다. 전문가들의 최종 정성평가와 보정을 거쳐 최종 지수와 적정 학년 수준과 단계가 산정됩니다.

ERI 지수 범위와 학습 단계

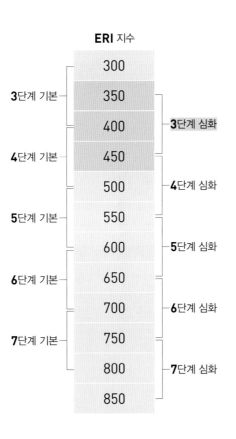

교재명	ERI 지수 범위	학년 수준
3단계 기본	300 이상~400 미만	초등 3~4학년
3단계 심화	350 이상~450 미만	초등 3~4학년
4단계 기본	400 이상~500 미만	초등 4~5학년
4단계 심화	450 이상~550 미만	초등 4~5학년
5단계 기본	500 이상~600 미만	초등 5~6학년
5단계 심화	550 이상~650 미만	초등 5~6학년
6단계 기본	600 이상~700 미만	초등 6학년 ~중학 1학년
6단계 심화	650 이상~750 미만	초등 6학년 ~중학 1학년
7단계 기본	700 이상~800 미만	중학 1~2학년
7단계 심화	750 이상~850 미만	중학 1~2학년

이 책의 구성과 특징

회차별 지문을 미리 확인하고 공부 계획을 짤 수 있도록 했어요.

낱말, 문장, 배경지식 각각의 수준이 학년 수준 내에서 어느 정도인지 막대그래프로 표현했어요.

막대그래프가 제일 높은 것을 어떻게 공부해야 할지 안내했어요.

이번 주 지문들의 수준이 어느 정도인지 한눈에 볼 수 있어요.

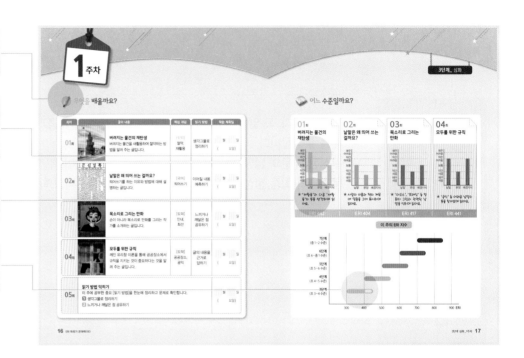

지문을 이해하는 데 도움을 주는 사진이나 그림을 넣었어요.

지문의 핵심 개념, 내용, 읽기 방법을 간단히 요약했어요.

지문의 핵심 개념을 미리 떠올리고 확인할 수 있도록 문제로 구성했어요.

간단한 문제로 핵심 읽기 방법을 확인할 수 있게 했어요.

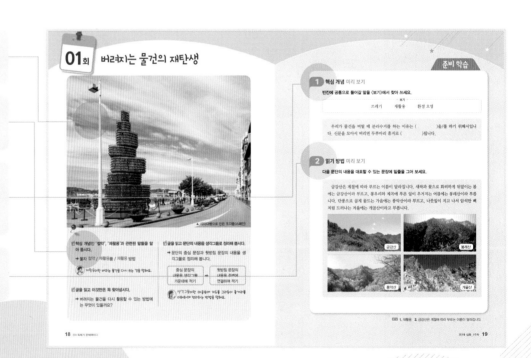

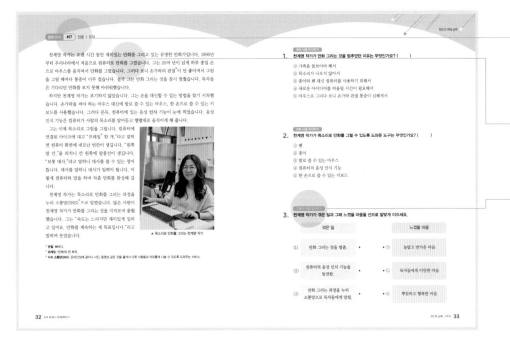

지문의 ERI 지수와 해당 영역, 교과를 표시하여 글의 난이도 수준과 교과서 학습 연계를 나타냈어요.

어려운 낱말에는 노란 형광색 표시를 했어요.

다양한 읽기 방법을 적용한 문제들로 지문을 꼼꼼히 이해하고 사고력을 확장할 수 있게 했어요.

핵심 읽기 방법을 적용한 문제를 제시했어요.

지문의 노란 형광색으로 표시한 어려운 낱말들을 공부하도록 했어요.

지문 내용과 관련된 속담, 관용어, 사자성어 등 관용 표현을 공부하도록 했어요.

지문과 관련된 한자어를 익히고 쓰는 연습을 하도록 했어요.

한 주를 정리하며 그동안 배웠던 핵심 읽기 방법 두 개를 심화하여 공부할 수 있도록 했어요.

읽기 방법과 관련된 개념과 과정을 간단히 요약하여 정리했어요.

읽기 방법을 적용한 문제로 문해력을 향상시킬 수 있도록 구성했어요.

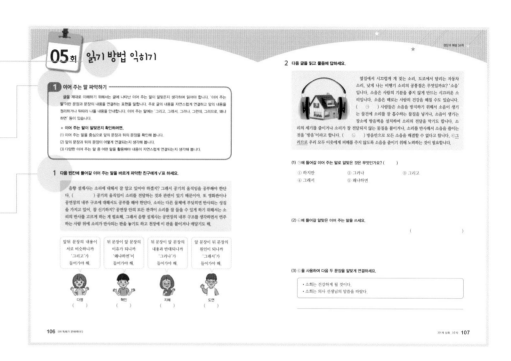

사회, 과학, 수학, 미술, 음악 등 다양한 교과의 내용을 융합한 지문과 문제들로 지식과 사고력을 확장할 수 있게 했어요.

쓰기, 그리기, 표시하기 등 다양한 유형의 문제를 제시하여 학교 수업과 연관될 수 있도록 구성했어요.

이 책의 차례

생각그물로 정리하기

★ 생각그물의 중심에는 중심 문장, 주변에는 뒷받침 문장의 내용을 넣어 정리합니다.

느끼거나 깨달은 점 공유하기

★ 글을 읽고 느끼거나 깨달은 점을 공유하면, 글을 더 폭넓게 이해할 수 있습니다.

자신의 생각 말하기

★ 글을 읽고 자신의 생각을 분명히 정리하려면, 생각을 직접 표현해 보아야 합니다.

낱말 뜻 짐작하기

★ 글에 모르는 낱말이 있으면, 앞뒤의 내용이나 배경지식으로 그 뜻을 짐작할 수 있습니다.

이어 주는 말 파악하기

★ 문장과 문장의 내용을 연결할 때는 '그리고', '그래서'와 같은 이어 주는 말을 사용합니다.

견우는 소를 돌보는 일을 했어요.

그리고

직녀는 베를 짜는 일을 했어요.

견우와 직녀는 결혼했지만 서로 떨어져 살게 되었어요.

왜냐하면

서로 일하지 않고 게으름을 피워, 옥황상제의 벌을 받게 되었기 때문이에요.

까마귀들과 까치들이 머리를 이어 다리를 놓아 주었어요.

그래서

둘은 매년 7월 7일 다시 만날 수 있게 되었어요.

글의 내용을 근거로 답하기

★ 글에 대한 질문에 정확히 답하려면, 글의 내용에서 근거를 찾아야 합니다.

핵심어 찾기

★ 글의 의미를 파악하기 위해서는 글의 핵심어를 찾아낼 수 있어야 합니다.

생략된 내용 짐작하기

★ 글의 내용을 정확하게 이해하기 위해서는 생략된 내용을 짐작하며 글을 읽어야 합니다.

1 주차

무엇을 배울까요?

회차		글의 내용	핵심 개념	읽기 방법	학습 계획일
01회		**버려지는 물건의 재탄생** 버려지는 물건을 새활용하여 절약하는 방법을 알려 주는 글입니다.	[도덕] 절약, 재활용	생각그물로 정리하기	월 일 (요일)
02회		**낱말은 왜 띄어 쓰는 걸까요?** 띄어쓰기를 하는 이유와 방법에 대해 설명하는 글입니다.	[국어] 띄어쓰기	이어질 내용 예측하기	월 일 (요일)
03회		**목소리로 그리는 만화** 손이 아니라 목소리로 만화를 그리는 작가를 소개하는 글입니다.	[도덕] 인내, 최선	느끼거나 깨달은 점 공유하기	월 일 (요일)
04회		**모두를 위한 규칙** 깨진 유리창 이론을 통해 공공장소에서 규칙을 지키는 것이 중요하다는 것을 알려 주는 글입니다.	[도덕] 공공장소, 공익	글의 내용을 근거로 답하기	월 일 (요일)
05회	**읽기 방법 익히기** 이 주에 공부한 중요 [읽기 방법]을 한눈에 정리하고 문제로 확인합니다. 1 생각그물로 정리하기 2 느끼거나 깨달은 점 공유하기				월 일 (요일)

어느 수준일까요?

01회
버려지는 물건의 재탄생

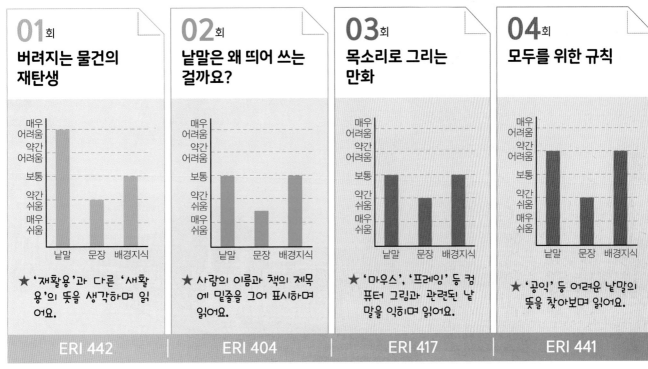

낱말 문장 배경지식

★ '재활용'과 다른 '새활용'의 뜻을 생각하며 읽어요.

ERI 442

02회
낱말은 왜 띄어 쓰는 걸까요?

낱말 문장 배경지식

★ 사람의 이름과 책의 제목에 밑줄을 그어 표시하며 읽어요.

ERI 404

03회
목소리로 그리는 만화

낱말 문장 배경지식

★ '마우스', '프레임' 등 컴퓨터 그림과 관련된 낱말을 익히며 읽어요.

ERI 417

04회
모두를 위한 규칙

낱말 문장 배경지식

★ '공익' 등 어려운 낱말의 뜻을 찾아보며 읽어요.

ERI 441

이 주의 ERI 지수

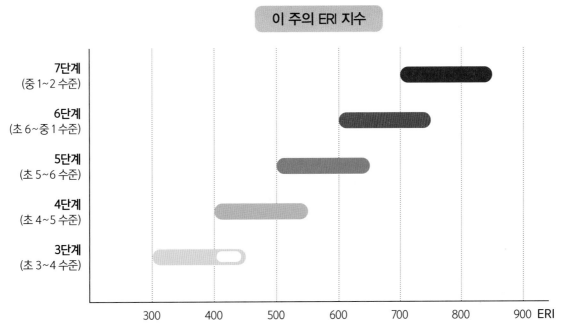

7단계
(중 1~2 수준)

6단계
(초 6~중 1 수준)

5단계
(초 5~6 수준)

4단계
(초 4~5 수준)

3단계
(초 3~4 수준)

300 400 500 600 700 800 900 ERI

01회 버려지는 물건의 재탄생

▲ 사이다병으로 만든 조각품(스페인)

☑ 핵심 개념인 '절약', '재활용'과 관련된 말들을 알아 둡시다.

→ 물자 절약 / 재활용품 / 재활용 방법

 재활용이란 버리는 물건을 다시 쓰는 것을 말해요.

☑ 글을 읽고 이것만은 꼭 찾아냅시다.

→ 버려지는 물건을 다시 활용할 수 있는 방법에는 무엇이 있을까요?

☑ 글을 읽고 문단의 내용을 생각그물로 정리해 봅시다.

→ 문단의 중심 문장과 뒷받침 문장의 내용을 생각그물로 정리해 봅니다.

중심 문장의 내용을 생각그물 가운데에 적기	→	뒷받침 문장의 내용을 주변에 연결하여 적기

 생각그물이란 마음속에 지도를 그리듯이 줄거리를 이해하며 정리하는 방법을 말해요.

1 핵심 개념 미리 보기

빈칸에 공통으로 들어갈 말을 〈보기〉에서 찾아 쓰세요.

──● 보기 ●──

쓰레기   재활용   환경 오염

우리가 물건을 버릴 때 분리수거를 하는 이유는 (   )을/를 하기 위해서입니다. 신문을 모아서 버리면 두루마리 휴지로 (   )됩니다.

2 읽기 방법 미리 보기

다음 문단의 내용을 대표할 수 있는 문장에 밑줄을 그어 보세요.

금강산은 계절에 따라 부르는 이름이 달라집니다. 새싹과 꽃으로 화려하게 뒤덮이는 봄에는 금강산이라 부르고, 봉우리와 계곡에 푸른 잎이 우거지는 여름에는 봉래산이라 부릅니다. 단풍으로 곱게 물드는 가을에는 풍악산이라 부르고, 나뭇잎이 지고 나서 암석만 뼈처럼 드러나는 겨울에는 개골산이라고 부릅니다.

금강산   봉래산   풍악산   개골산

정답 1. 재활용   2. 금강산은 계절에 따라 부르는 이름이 달라집니다.

1 모든 물건은 시간이 지나면 낡고 ㉠해지기 마련입니다. 그래서 버려지기도 합니다. 물건을 함부로 버리면 쓰레기가 늘어나 환경이 오염되고 자원*도 낭비됩니다. 하지만 조금만 생각을 바꾸면 새롭게 사용할 수 있는 물건이 됩니다. 이를 '새활용'이라고 합니다. 새활용은 버려지는 물건을 새롭게 꾸미거나 쓰임새를 바꿔서 가치를 높이는 일입니다. 물건을 그냥 재활용하는 것이 아니라 '새롭게 쓰는 일'입니다. 버려지는 물건을 새활용할 수 있는 방법은 무엇일까요?

2 첫째, 물건의 쓰임새를 바꾸는 것입니다. 더 이상 입지 않는 옷으로 가방을 만들 수 있습니다. 버려진 천으로 시장바구니를 만들 수도 있습니다. 알록달록 단추를 모아 목걸이를 만들고, 색색깔의 전선을 꼬아서 반지를 만들 수도 있습니다. 이렇게 만들어진 물건들은 독창적이고 환경도 지킬 수 있습니다. 그래서 인기가 많고 비싼 가격에 팔리기도 합니다.

3 둘째, 버려진 물건을 모아 예술 작품을 만들어 전시할 수 있습니다. 버려진 페트병과 음료수 캔을 모아서 멋진 작품을 만들 수도 있습니다. 헌책으로 조각품을 만들기도 합니다. 매일 버려지는 물건에서도 아름다움을 찾아내는 것입니다.

4 이렇게 새활용을 하면 좋은 점이 많습니다. 먼저 쓰레기를 줄여서 환경 오염을 줄일 수 있습니다. 그리고 물건을 새로 만드는 데 드는 자원을 절약할 수 있습니다. 마지막으로 독창적인 생각으로 물건의 가치를 높여서 팔면 이익을 얻을 수 있습니다.

5 이처럼 물건을 버리기 전에 새로운 시각으로 바라보면 본래의 쓰임새가 아니라 다른 방법으로 활용할 수 있습니다. 다 쓴 물건이라고 버리기 전에 다시 쓸 수 있는 방법을 생각해 봅시다.

* **자원**: 석유, 나무처럼 사람이 살아가는 데 쓰는 것.

핵심어 찾기

1. 이 글에서 가장 핵심적인 낱말을 찾아 쓰세요.

( )

내용 파악하기

2. 이 글의 내용으로 알맞지 <u>않은</u> 것은 무엇인가요? ( )

① 물건을 함부로 버리면 환경이 오염된다.

② 새활용을 하면 물건의 가치를 높일 수 있다.

③ 버려진 물건으로도 예술 작품을 만들 수 있다.

④ 쓰임새를 바꾸어 새활용한 물건은 사고팔 수 없다.

⑤ 버려지는 물건을 새활용하면 자원을 절약할 수 있다.

생각그물로 정리하기

3. ▣문단의 내용을 생각그물로 정리하려고 합니다. 중심 문장을 찾아 밑줄을 긋고, 생각그물의 빈칸에 알맞은 말을 쓰세요.

> ▣ 이렇게 새활용을 하면 좋은 점이 많습니다. 먼저 쓰레기를 줄여서 환경 오염을 줄일 수 있습니다. 그리고 물건을 새로 만드는 데 드는 자원을 절약할 수 있습니다. 마지막으로 독창적인 생각으로 물건의 가치를 높여서 팔면 이익을 얻을 수 있습니다.

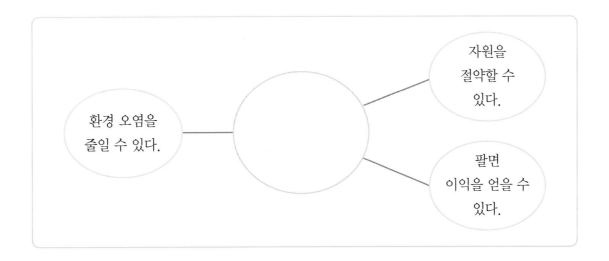

환경 오염을 줄일 수 있다.

자원을 절약할 수 있다.

팔면 이익을 얻을 수 있다.

글의 내용 적용하기

4. 다음 중 쓰임새를 바꾸어서 새활용한 물건이 <u>아닌</u> 것은 무엇인가요? (　　　　)

① 선거 현수막으로 만든 쿠션
② 자투리 가죽으로 만든 팔찌
③ 병뚜껑을 모아 디자인한 의자
④ 볼펜 대를 이어 붙인 몽당연필
⑤ 음료수병을 이용해 만든 조명등

낱말 뜻 짐작하기

5. 다음 두 친구의 말을 참고할 때, ㉠의 '해지다'와 비슷한 뜻을 지닌 낱말은 무엇일지 알맞은 것에 ∨표 하세요.

㉠의 뒷부분을 보면 버려진다는 말이 있어. 물건이 해지면 버려지는 것 같아.

㉠의 앞부분을 보면 물건이 낡는다는 표현이 있어. 해진다는 건 물건이 낡을 때 나타나는 특성인가 봐.

옳다	닳다	더럽다	넘치다
(　　)	(　　)	(　　)	(　　)

자신의 생각 말하기

6. 이 글을 읽고 느끼거나 깨달은 점을 알맞게 말하지 <u>못한</u> 친구는 누구인가요? (　　　　)

① 윤기: 환경에 도움이 되는 물건을 찾는 사람들이 많다는 것을 알았어.
② 서하: 버려진 물건으로도 훌륭한 예술 작품을 만들 수 있다는 것을 알았어.
③ 지우: 물건을 단순히 재활용하는 것과 새활용하는 것은 다르다는 것을 알았어.
④ 혁민: 물건의 쓰임새를 바꾸면 다시 가치 있는 물건이 될 수 있다는 것을 알았어.
⑤ 지혜: 돈을 절약하기 위해 새로운 물건을 사지 않는 것이 중요하다는 것을 알았어.

어휘 익히기

1 낱말 뜻 알기

다음 빈칸에 알맞은 낱말을 〈보기〉에서 찾아 쓰세요.

```
• 보기 •
      쓰임새      가치      독창적      시각
```

1. 그는 물건들을 (   )대로 나누었다.
   뜻 어떤 것이 쓰이는 데.

2. 훈민정음은 (   )이고 과학적인 글자이다.
   뜻 새롭고 남다른 것을 생각해 내거나 만들어 내는 재주나 특성이 있는 것.

3. 예술가는 사물을 새로운 (   )(으)로 바라본다.
   뜻 사물을 보거나 생각하는 태도.

4. 벼룩시장에서는 깨끗한 물건의 (   )이/가 높다.
   뜻 물건이나 일의 쓸모나 중요성.

2 관용 표현 알기

다음 빈칸에 알맞은 사자성어를 쓰세요.

" □ □ □ □ "

새활용을 하면 쓰레기를 줄여서 환경 오염을 줄일 수 있고, 물건을 새로 만드는 데 드는 자원을 절약할 수도 있습니다. 이 사자성어는 '돌 한 개를 던져 새 두 마리를 잡는다.'라는 뜻으로, 한 가지 일로 두 가지 이익을 얻는 것을 이르는 말이에요.

한자	뜻	음
一	하나	
石	돌	
二	두	
鳥	새	

3 한자어 익히기

다음 한자어를 소리 내어 읽고 빈칸에 따라 써 보세요.

再	活	用
다시 재	살 활	쓸 용

재활용(再活用): 다 쓰거나 못 쓰게 된 물건을 다시 쓰는 것.
- 고철을 모아서 재활용합니다.
- 음료수 캔이나 우유 팩은 재활용할 수 있습니다.
- 우리 동네는 매주 화요일마다 재활용 쓰레기를 수거합니다.

再	活	用
다시 재	살 활	쓸 용

02회 낱말은 왜 띄어 쓰는 걸까요?

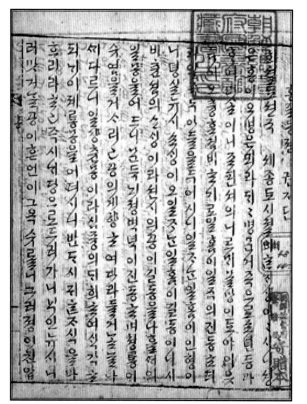

▲ 띄어쓰기가 사용되지 않은, 최초의 한글 소설인 「홍길동전」

▲ 띄어쓰기가 사용된, 최초의 한글 신문인 『독립신문』

☑ 핵심 개념인 '띄어쓰기'와 관련된 말들을 알아 둡시다.

→ 띄어쓰기 원칙 / 띄어쓰기의 단위

 띄어쓰기란 글을 쓸 때 사이를 띄어 쓰는 것을 말해요.

☑ 글을 읽고 이것만은 꼭 찾아냅시다.

→ 띄어쓰기를 하는 이유는 무엇일까요?

☑ 글을 읽고 이어질 내용을 예측해 봅시다.

→ 자신의 지식이나 경험, 글에 나타난 정보 등을 통해 이어질 내용을 예측하며 읽어 봅니다.

> 글의 내용을 예측할 수 있는 단서 찾기 → 이어질 내용 예측하기

 예측이란 어떤 일이 일어날지 미리 짐작하는 것을 말해요.

1 핵심 개념 미리 보기

다음 중 문장의 의미를 쉽고 정확하게 이해할 수 있는 것에 ∨표 하세요.

(1)

> 아,기다리고기다리던소풍

( )

(2)

> 아, 기다리고 기다리던 소풍

( )

2 읽기 방법 미리 보기

다음 글을 읽고 이어질 내용을 알맞게 예측한 것에 ∨표 하세요.

최근에 『유관순』이라는 책을 읽고 많은 것을 느꼈습니다. 유관순 열사*는 많은 사람이 존경하는 독립운동가입니다. 왜 사람들이 유관순 열사를 존경하는지 우리가 본받을 점에 대해 소개하겠습니다.

* **열사**: 나라와 민족을 지키려고 뜻을 펼치면서 싸우다 죽은 사람.

▲ 유관순 열사

(1) 유관순 열사로부터 본받을 점에 대한 설명이 이어질 것이다. ( )
(2) 사람들이 유관순 열사를 어떻게 생각하는지에 대한 설명이 이어질 것이다. ( )

우리말로 글을 쓸 때는 낱말과 낱말 사이를 띄어 써요. 가끔은 어떻게 띄어 써야 할지 고민이 되어서 내 마음대로 글을 쓰고 싶을 때도 있어요. ㉠붙여 쓰면 편한데 왜 띄어 쓰는 걸까요? 또 띄어쓰기는 어떻게 해야 하며 언제부터 하기 시작했을까요?

'아버지가방에들어가신다.'라는 문장을 읽어 봅시다. 어떤 뜻일까요? 아버지가 가방을 열고 그 속에 들어가신다는 뜻일까요? 아니면 아버지가 문을 열고 방으로 들어가신다는 뜻일까요? 이렇게 모든 낱말을 붙여 쓰면 어떤 뜻인지 헷갈려서 빨리 읽을 수 없어요. 뜻을 잘못 이해할 수도 있지요. 하지만 띄어쓰기를 하면 내가 전하고자 하는 뜻을 정확하게 전달할 수 있어요. 그리고 글을 읽는 사람도 헷갈리지 않고 편하게 읽을 수 있어요.

그러면 어떻게 띄어 써야 할까요? ㉡글을 쓸 때는 낱말과 낱말 사이를 띄어서 쓰는데, 몇 가지 주의할 점이 있어요. 첫째, '이/가', '을/를', '은/는', '의'와 같은 말은 앞말에 붙여 써요. 그래서 '아버지가 죽을 드신다.'라고 써요. 둘째, 마침표(.)나 쉼표(,) 뒤에 오는 말은 띄어 써요. 그래서 친구의 이름을 부른 다음에는 한 칸을 띄어서 "민영아, 안녕?"이라고 쓰지요. 셋째, 수를 나타내는 말과 단위를 나타내는 말 사이는 띄어 써요. 그래서 '사과 한 개, 귤 두 개'라고 쓰지요.

그렇다면 띄어쓰기는 언제부터 생긴 걸까요? 세종 대왕이 한글을 처음 만들었을 때에는 띄어쓰기가 없었어요. 띄어쓰기를 하자는 목소리가 나오기 시작한 것은 한글이 만들어지고 약 5백 년이 지난 이후예요. 놀랍게도 이때 띄어쓰기를 하자고 앞장선 사람 중에는 외국인들도 있었어요. 띄어쓰기는 1877년 존 로스의 『조선어 첫걸음』이라는 책에서 시작되었다고 해요. 이후에 서재필, 주시경 선생님이 최초의 한글 신문인 『독립신문』을 만들 때 호머 헐버트는 띄어쓰기를 하자고 말했어요. 그래서 『독립신문』에는 띄어쓰기가 사용되었어요. ㉢이때부터 띄어쓰기가 널리 퍼져서 많은 사람이 한글을 편리하게 읽을 수 있게 되었답니다.

내용 파악하기

1. 이 글의 내용으로 알맞지 <u>않은</u> 것은 무엇인가요? (　　　)

① 낱말과 낱말을 내 마음대로 붙여 써서는 안 된다.
② 『독립신문』에서는 낱말과 낱말 사이를 띄어 썼다.
③ 낱말과 낱말 사이를 띄어서 쓰는 것을 '띄어쓰기'라고 한다.
④ 띄어쓰기를 하자고 앞장선 사람 중에는 외국인들도 있었다.
⑤ 세종 대왕이 한글을 처음 만들었을 때에도 띄어쓰기가 있었다.

세부 내용 파악하기

2. 띄어쓰기를 해야 하는 까닭이 <u>아닌</u> 것은 무엇인가요? (　　　)

① 글을 더 빨리 읽을 수 있기 때문에
② 글을 더 예쁘게 쓸 수 있기 때문에
③ 정확한 뜻을 전달해야 하기 때문에
④ 잘못된 뜻이 전달될 수 있기 때문에
⑤ 글을 읽는 사람이 헷갈릴 수 있기 때문에

이어질 내용 예측하기

3. ㉠을 읽고 뒤에 이어질 내용을 바르게 예측하지 <u>못한</u> 친구에게 √표 하세요.

(1) 다영: 띄어쓰기의 방법을 설명해 줄 것 같아.　　　　　　　　　　(　　　)
(2) 서하: 띄어 써야 하는 이유를 설명해 줄 것 같아.　　　　　　　　(　　　)
(3) 한결: 붙여 쓰면 편한 이유를 설명해 줄 것 같아.　　　　　　　　(　　　)
(4) 지우: 띄어쓰기를 처음 하게 된 때를 설명해 줄 것 같아.　　　　(　　　)

4. ⓛ의 내용을 다음과 같이 정리할 때, 빈칸에 알맞은 말을 쓰세요.

띄어쓰기를 할 때 주의할 점

1. '이/가', '을/를', '은/는', '의'와 같은 말은 앞말에 (   ) 쓴다.

2. 마침표(.)나 쉼표(,) 뒤에 오는 말은 (   ) 쓴다.

3. 수를 나타내는 말과 단위를 나타내는 말 사이는 (   ) 쓴다.

---

5. ⓒ이 의미하는 것은 무엇인지 빈칸에 알맞은 말을 쓰세요.

➡ 「☐☐☐☐」에 ☐☐☐☐가 사용되었을 때

6. 다음 밑줄 친 부분 중 띄어쓰기가 잘못된 곳을 찾아 바르게 고쳐 쓰세요.

수현아, 안녕?

수현아, 어제 나한테 함께 놀자고 먼저 이야기해 주어서 고마웠어.

전학을 와서 친한 친구가 한명도 없어서 걱정했는데 네가 먼저 말을 걸어 주었

을 때 정말 기뻤어. 우리 앞으로 더 친하게 지내자.

(   ) ➡ (   )

어휘 익히기

1 낱말 뜻 알기

다음 빈칸에 알맞은 낱말을 〈보기〉에서 찾아 쓰세요.

```
• 보기 •
         마음대로      헷갈려서      단위      신문
```

1. 그 친구는 자기 (   ) 행동하는 것이 문제였다.
   뜻 마음이 가는 대로.

2. 처음에는 반 아이들의 이름이 (   ) 힘들었어요.
   뜻 여럿이 뒤섞여 갈피를 잡기 어려워서.

3. 나는 매일 아침 집으로 배달되는 (   )을/를 읽습니다.
   뜻 그때그때 여러 가지 일을 때맞추어 담아서 알리는 소식지.

4. 사람이 너무 많아 백이나 천 (   )(으)로는 그 수를 셀 수 없다.
   뜻 수, 양, 길이, 무게, 시간, 크기 등을 재는 데 바탕이 되는 기준.

2 관용 표현 알기

다음 빈칸에 알맞은 말을 쓰세요.

"　☐　 벗고 나서다"

띄어쓰기를 하자고 앞장선 사람 중에는 호머 헐버트와 같은 외국인도 있었어요. 호머 헐버트는 외국인이면서도 한글을 세계에 알리고 독립운동을 도왔다고 해요. 이 관용어는 어떤 일을 마치 자기 일처럼 적극적으로 나서서 하는 것을 이르는 말이에요.

3 한자어 익히기

다음 한자어를 소리 내어 읽고 빈칸에 따라 써 보세요.

便	利
편할 **편**	이로울 **리**

편리(便利): 어떤 일이 하기 쉽고 편한 것.

• 이 동네는 교통이 편리하다.
• 시민들의 편리를 위한 공공시설이 늘어나야 한다.
• 그 기계는 편리하기 때문에 사용자가 계속 늘고 있다.

便	利						
편할 편	이로울 리						

03회 목소리로 그리는 만화

☑ 핵심 개념인 '인내', '최선'과 관련된 말들을 알아 둡시다.

→ 인내심 / 최선을 다하다

 최선이란 어려운 상황 속에서도 포기하지 않는 것을 말해요.

☑ 글을 읽고 이것만은 꼭 찾아냅시다.

→ 목소리로 만화를 그리는 작가가 있다고 합니다. 어떻게 목소리로 만화를 그릴 수 있을까요?

☑ 글을 읽고 자신이 느끼거나 깨달은 점을 공유해 봅시다.

→ 글을 읽고 인물의 마음을 짐작하고 자신의 경험을 떠올려서 자신이 느끼거나 깨달은 점을 공유해 봅니다.

인물의 마음 짐작하기	+	자신이 경험한 일 떠올리기

글을 읽으며 감동을 느끼거나 새롭게 깨닫게 된 것이 있다면 이야기해 보아요.

1 **핵심 개념** 미리 보기

다음 낱말들의 관계를 참고하여 빈칸에 알맞은 낱말을 〈보기〉에서 찾아 쓰세요.

보기

믿다   기대하다   포기하다

- 맑다 – 흐리다
- 찬성하다 – 반대하다
- 최선을 다하다 – (   )

2 **읽기 방법** 미리 보기

다음 글을 읽고, ㉠에서 '희재'의 마음이 어떠할지 바르게 짐작한 것에 √표 하세요.

희재는 오늘 새 학교로 전학을 왔습니다. 쉬는 시간이 되자 다른 친구들은 재미있게 놀기 시작했어요. 하지만 희재는 친구가 없어서 혼자 앉아 있었지요. ㉠그때 한 친구가 와서 같이 팽이 돌리기를 하자고 얘기해 주었어요.

(1) 기쁘고 고마운 마음   (   )
(2) 뿌듯하고 보람찬 마음   (   )
(3) 섭섭하고 서운한 마음   (   )

정답 1. 포기하다   2. (1)

천계영 작가는 오랜 시간 동안 재미있는 만화를 그리고 있는 유명한 만화가입니다. 1996년부터 우리나라에서 처음으로 컴퓨터로 만화를 그렸습니다. 그는 20여 년이 넘게 하루 종일 손으로 마우스를 움직여서 만화를 그렸습니다. 그러다 보니 손가락의 관절[*]이 안 좋아져서 그림을 그릴 때마다 통증이 너무 컸습니다. 결국 그는 만화 그리는 것을 잠시 멈췄습니다. 독자들은 기다리던 만화를 보지 못해 아쉬워했습니다.

하지만 천계영 작가는 포기하지 않았습니다. 그는 손을 대신할 수 있는 방법을 찾기 시작했습니다. 손가락을 써야 하는 마우스 대신에 발로 쓸 수 있는 마우스, 한 손으로 쓸 수 있는 키보드를 사용했습니다. 그러다 문득, 컴퓨터에 있는 음성 인식 기능이 눈에 띄었습니다. 음성 인식 기능은 컴퓨터가 사람의 목소리를 알아듣고 명령대로 움직이게 해 줍니다.

그는 이제 목소리로 그림을 그립니다. 컴퓨터에 연결된 마이크에 대고 "프레임[*] 한 개."라고 말하면 컴퓨터 화면에 네모난 빈칸이 생깁니다. "왼쪽 말 칸."을 외치니 칸 왼쪽에 말풍선이 생깁니다. "보통 대사."라고 말하니 대사를 쓸 수 있는 창이 뜹니다. 대사를 말하니 대사가 입력이 됩니다. 이렇게 컴퓨터와 말을 하며 차츰 만화를 완성해 갑니다.

천계영 작가는 목소리로 만화를 그리는 과정을 누리 소통망(SNS)[*]으로 알렸습니다. 많은 사람이 천계영 작가가 만화를 그리는 것을 지켜보며 응원했습니다. 그는 "속도는 느리지만 재미있게 일하고 있어요. 만화를 계속하는 게 목표입니다."라고 말하며 웃었습니다.

▲ 목소리로 만화를 그리는 천계영 작가

[*] **관절**: 뼈마디.
[*] **프레임**: (만화의) 한 토막.
[*] **누리 소통망(SNS)**: 온라인상에 글이나 사진, 동영상 같은 것을 올려서 다른 사람들과 자유롭게 나눌 수 있도록 도와주는 서비스.

세부 내용 파악하기

1. 천계영 작가가 만화 그리는 것을 멈추었던 이유는 무엇인가요? (   )

① 가족을 돌보아야 해서
② 목소리가 나오지 않아서
③ 종이와 펜 대신 컴퓨터를 사용하기 위해서
④ 새로운 아이디어를 떠올릴 시간이 필요해서
⑤ 마우스로 그리다 보니 손가락 관절 통증이 심해져서

세부 내용 파악하기

2. 천계영 작가가 목소리로 만화를 그릴 수 있도록 도와준 도구는 무엇인가요? (   )

① 펜
② 종이
③ 발로 쓸 수 있는 마우스
④ 컴퓨터의 음성 인식 기능
⑤ 한 손으로 쓸 수 있는 키보드

인물의 마음 짐작하기

3. 천계영 작가가 겪은 일과 그때 느꼈을 마음을 선으로 알맞게 이으세요.

겪은 일		느꼈을 마음
(1) 만화 그리는 것을 멈춤. •	• ㉠	놀랍고 반가운 마음
(2) 컴퓨터의 음성 인식 기능을 발견함. •	• ㉡	독자들에게 미안한 마음
(3) 만화 그리는 과정을 누리 소통망으로 독자들에게 알림. •	• ㉢	뿌듯하고 행복한 마음

💡 **느끼거나 깨달은 점 공유하기**

4. 다음은 천계영 작가가 누리 소통망으로 만화 그리는 과정을 알렸을 때 독자들이 올린 댓글입니다. 천계영 작가를 응원하는 목적의 댓글이 <u>아닌</u> 것에 √표 하세요.

< >	댓글	👍 👎 💬 ➤ ⋮

(1) sj***: 포기하지 않고 계속 만화를 그려 주셔서 감사해요. 오래오래 그려 주세요!

( )

(2) wk***: 목소리로 그린 그림도 멋지네요. 이번 작품도 기대합니다!   ( )

(3) yd***: 저희 음성 인식 프로그램을 사용해 주셔서 감사합니다. 앞으로도 많이 이용

해 주세요!   ( )

(4) kw***: 다시 만화를 그려 주셔서 감사합니다. 앞으로도 계속 힘내 주세요! ( )

↻ 댓글 달기 [   ]

자신의 생각 말하기

5. 이 글을 읽고 자신의 생각을 알맞게 말하지 <u>못한</u> 친구는 누구인가요? (   )

① 수민: 그동안 손을 쓸 때마다 얼마나 아팠을까?
② 하은: 실제 이야기는 아니지만 정말 감동적이야.
③ 민지: 만화를 그리지 못했을 때는 엄청 속상했을 것 같아.
④ 태호: 나라면 만화를 포기할 수도 있었을 것 같은데 정말 대단해.
⑤ 지민: 힘든 상황 속에서도 즐겁게 만화를 그리는 모습이 참 멋져 보여.

글의 내용 적용하기

6. 이 글의 천계영 작가와 〈보기〉의 스티븐 호킹 박사의 공통점으로 알맞은 것에 √표 하세요.

─ 보기 ─

　스티븐 호킹 박사는 21세에 온몸의 근육이 굳어지는 루게릭병에 걸렸습니다. 의사는 그가 앞으로 얼마 살지 못할 것이라고 했지만, 그는 우주에 대한 연구를 멈추지 않았습니다. 호킹 박사는 특수 장치와 컴퓨터로 된 휠체어를 사용하기 시작했고, 이 장치들을 통해 손가락이나 눈썹을 움직여서 글을 쓸 수 있게 되었습니다.

근육이 굳어지는 루게릭병을 앓았다.	컴퓨터 장치의 도움을 받아 작업을 하였다.
( )	( )

어휘 익히기

1 낱말 뜻 알기

다음 빈칸에 알맞은 낱말을 〈보기〉에서 찾아 쓰세요.

● 보기 ●

만화	인식	명령	응원

1. 너는 어느 팀을 ( )할 거니?
   뜻 남이 어떤 일을 잘할 수 있게 힘을 북돋워 주는 것.

2. 그들은 상사의 ( )이/가 떨어지기 무섭게 움직였다.
   뜻 윗사람이 아랫사람에게 어떤 일을 시키는 것. 또는 시키는 말.

3. 어렵고 딱딱한 내용을 ( )(으)로 만든 책이 인기가 높다.
   뜻 간단하고 특징 있는 선으로 어떤 이야기를 재미있게 그린 그림.

4. 그 스피커는 내가 내는 목소리를 ( )하여 스스로 작동한다.
   뜻 깨달아 아는 것. 또는 어떻다고 여기는 것.

2 관용 표현 알기

다음 빈칸에 알맞은 말을 쓰세요.

"이 없으면 ☐☐으로 산다"

　이 속담은 이가 없으면 잇몸으로 음식물을 씹어 먹듯이, 꼭 있어야 할 것이 없으면 없는 대로 견디어 나갈 수 있음을 이르는 말이에요.

3 한자어 익히기

다음 한자어를 소리 내어 읽고 빈칸에 따라 써 보세요.

最	善
가장 **최**	착할 **선**

최선(最善): 온 정성과 힘.

• 단점을 보완하기 위해 최선을 다했다.
• 후회가 남지 않도록 최선을 다하는 것이 좋다.
• 아무리 작은 일이라도 맡은 일에 최선을 다해야 한다.

最	善						
가장 최	착할 선						

04회 모두를 위한 규칙

☑핵심 개념인 '공공장소', '공익'과 관련된 말들을 알아 둡시다.

➜ 공공장소에서의 규칙 / 공익 광고

 공공장소란 여러 사람이 함께 이용하는 장소를 말해요.

☑글을 읽고 이것만은 꼭 찾아냅시다.

➜ 사람들이 공공장소에서 규칙을 잘 지키도록 하려면 어떻게 해야 할까요?

☑글을 읽고 질문에 대해 글의 내용을 근거로 답해 봅시다.

➜ 질문과 관련된 문장과 문단을 다시 읽으며 근거를 찾아봅니다.

| 질문과 관련된 문장에서 근거 찾기 | + | 질문과 관련된 문단에서 근거 찾기 |

 근거란 어떤 일이 있게 한 바탕이나 까닭을 말해요.

1 핵심 개념 미리 보기

빈칸에 공통으로 들어갈 낱말을 〈보기〉에서 찾아 쓰세요.

● 보기 ●

법   공익   규칙   공공장소

병원, 도서관, 지하철역과 같은 (   )에서는 다른 사람들에게 피해를 주지 않도록 조심해야 합니다. (   )마다 지켜야 하는 예절이 다릅니다.

▲ 국립 중앙 도서관

2 읽기 방법 미리 보기

다음 빈칸에는 어떤 말이 들어가야 할까요? 글의 내용을 근거로 알맞게 답한 것에 ✓표 하세요.

(   )로서 아이들이 학교에 갈 때 안전하게 길을 건널 수 있도록 도움을 주어서 기분이 좋아요. 사실 너무 덥거나 추운 날에는 힘들기도 해요. 하지만 아이들이 등굣길에 환하게 웃으며 인사할 때 보람을 느껴요.

(1) 급식 도우미   (   )
(2) 수업 도우미   (   )
(3) 교통 도우미   (   )

공공장소는 여러 사람이 함께 이용하는 곳입니다. 그래서 공공장소에는 규칙이 필요합니다. 예를 들면, 거리에 함부로 쓰레기를 버리지 않습니다. 극장에서는 영화를 볼 때 휴대 전화를 사용하지 않습니다. 도서관에서는 조용히 합니다. 이렇게 공공장소에 규칙이 필요한 이유는 무엇일까요? 그것은 자기 혼자 편안하려는 것이 아니라 사회 전체의 이익을 통해 모두가 행복해지기 위해서입니다. 바로 공익을 중요하게 생각하는 것이지요.

㉠공공장소에서 규칙을 지키는 것에 대한 두 가지 재미난 실험이 있습니다. 어느 날, 주택가 골목에 쓰레기가 담긴 검은 봉투 하나를 던져 놓았습니다. 시간이 지나자 ㉡사람들은 눈치를 보며 쓰레기를 던지고 지나갑니다. 어느덧 깨끗하던 골목에 쓰레기가 하나둘씩 쌓이더니 밤새 산더미처럼 쌓이고 말았습니다.

한편, 평소에 사람들이 함부로 버린 쓰레기로 골치를 앓고 있는 골목을 찾아갔습니다. 쓰레기를 함부로 버리지 말라는 경고*가 있어도 소용이 없었습니다. 그러다가, 이곳에 있던 쓰레기를 모두 치우고 꽃을 심었습니다. 쓰레기를 버리지 말라는 경고도 치워 버렸습니다. 어떻게 되었을까요? ㉢그날 밤 누군가 쓰레기를 들고 나타났습니다. 꽃을 보고도 그냥 쓰레기를 버립니다. 그런데 갑자기 돌아와서 버린 쓰레기를 도로 주워 갑니다. 하룻밤이 지났지만 어느 누구도 쓰레기를 버리지 않았습니다.

이 실험은 1982년 미국의 범죄 심리학자들이 제안한 '깨진 유리창 이론'을 보여 줍니다. 이 이론에 따르면 유리창이 깨진 자동차를 거리에 내버려 두면 사람들이 그 자동차를 함부로 망가뜨린다고 합니다. 왜냐하면 그 지역에는 법과 질서가 지켜지지 않는다고 생각하기 때문이지요. 즉 사소한* 무질서 상태를 내버려 두면 더 큰 범죄와 무질서 상태를 가져올 수 있다는 것입니다. 평소에 법이나 규칙을 잘 지키는 사람도 누군가 규칙을 어기면 똑같이 행동하는 경우가 많다고 합니다.

여러 사람이 공공장소를 편리하게 이용하며 행복하게 살기 위해서는 함께 노력해야 합니다. 아무 생각 없이 버린 쓰레기 하나가 깨끗하던 골목을 쓰레기 더미로 만들 수도 있습니다. 공공장소에서 한 사람이 규칙을 어기면 다른 사람들도 규칙을 지키지 않고 쉽게 어기게 되는 것이지요. 하지만 쓰레기가 버려지는 곳에 꽃을 심었을 때 생기는 변화를 보세요. 조금만 변화를 주면 모두를 위한 공익이 이루어질 수 있습니다.

* 경고: 어떤 일을 조심하거나 삼가라고 미리 알려 주는 것.
* 사소한: 중요하지 않은.

내용 파악하기

1. 이 글의 내용으로 알맞으면 ○표, 알맞지 않으면 ✕표 하세요.

(1) 공공장소에는 규칙이 필요하다. ( )

(2) 공공장소에 조금만 변화를 주어도 공익이 실현될 수 있다. ( )

(3) 평소에 법이나 규칙을 잘 지키는 사람은 어떤 일이 있어도 규칙을 어기지 않는다.

( )

글의 내용을 근거로 답하기

2. 공익 의 뜻은 무엇일까요? 그 뜻을 짐작할 수 있는 근거가 되는 문장에 밑줄을 그으세요.

> 공공장소는 여러 사람이 함께 이용하는 곳입니다. 그래서 공공장소에는 규칙이 필요합니다. 예를 들면, 거리에 함부로 쓰레기를 버리지 않습니다. 극장에서는 영화를 볼 때 휴대 전화를 사용하지 않습니다. 도서관에서는 조용히 합니다. 이렇게 공공장소에 규칙이 필요한 이유는 무엇일까요? 그것은 자기 혼자 편안하려는 것이 아니라 사회 전체의 이익을 통해 모두가 행복해지기 위해서입니다. 바로 공익 을 중요하게 생각하는 것이지요.

내용 요약하기

3. ㉠의 내용을 다음과 같이 요약할 때, ( ) 안에서 알맞은 말을 골라 ○표 하세요.

> 깨끗하던 골목에 쓰레기가 담긴 봉투를 두니 쓰레기가 (쌓였고, 줄어들었고), 쓰레기가 많던 골목에 (경고를 붙이니, 꽃을 심으니) 쓰레기가 사라졌다.

핵심어 찾기

4. 사소한 무질서 상태를 내버려 두면 더 큰 범죄와 무질서 상태를 가져올 수 있다는 것을 경고하는 이론을 무엇이라고 하는지 이 글에서 찾아 쓰세요.

( )

5. '깨진 유리창 이론'에 따라 〈보기〉의 문제 상황을 해결할 방법을 알맞게 말하지 <u>못한</u> 친구는 누구인가요? (   )

---• 보기 •---

○○ 휴게소는 더러운 공중 화장실 때문에 고민이 많습니다. 여러 사람이 쓰다 보니 금세 지저분해지고, 함부로 쓰레기를 버리게 됩니다. 어떻게 하면 사람들이 공중 화장실도 자기 집처럼 깨끗하게 사용하게 할 수 있을까요?

① 희정: 화장실 안에 화분을 놓아 두면 어떨까?
② 하민: 화장실 안에 휴식 공간을 마련해 두면 어떨까?
③ 정수: 화장실 안에 차분한 클래식 음악을 트는 건 어떨까?
④ 민지: 화장실 벽에 유명한 화가의 그림을 걸어 두면 어떨까?
⑤ 지선: 화장실을 깨끗하게 사용하자는 경고문을 문에 붙이면 어떨까?

6. ⓒ과 ⓒ에서 사람들은 마음속으로 어떤 생각을 했을지 모두 찾아 선으로 알맞게 이으세요.

사람들의 행동		사람들의 생각
ⓒ 눈치를 보며 쓰레기를 던지고 지나감. •	• ㉮	'원래는 이곳에 쓰레기가 많았는데 꽃이 있네. 쓰레기는 여기에 어울리지 않지. 더럽히면 안 되겠다.'
ⓒ 쓰레기를 버렸다가 돌아와서 도로 주워 감. •	• ㉯	'이미 쓰레기가 있는 걸 보니 여기는 쓰레기를 버려도 문제가 없나 봐.'
	• ㉰	'다른 사람이 버렸으니 나도 버려도 되겠지.'

어휘 익히기

1 낱말 뜻 알기

다음 빈칸에 알맞은 낱말을 〈보기〉에서 찾아 쓰세요.

• 보기 •
> 공공장소   규칙   이론   무질서

1. (   )에서 시끄럽게 떠들어서는 안 된다.
   뜻 사회 사람 모두가 함께 쓰는 장소.

2. 선수들은 경기 (   )을/를 잘 지킬 것을 선서하였다.
   뜻 여러 사람이 다 같이 지켜야 마땅한 것으로 정한 약속이나 법.

3. 그 학자는 오랜 노력 끝에 하나의 (   )을/를 풀어놓았다.
   뜻 원리나 이치를 밝히려고 논리에 따라서 짠 틀. 또는 그 틀에 맞추어 정리한 생각.

4. 교통 신호 체계가 마비되자 거리가 금세 (   )하게 변했다.
   뜻 질서가 없는 것.

2 관용 표현 알기

(   ) 안에서 알맞은 말을 골라 ○표 하세요.

"골치를 (먹다, 보다, 앓다)"

여러 사람이 함께 이용하는 공공장소에 사람들이 함부로 버린 쓰레기가 넘쳐난다면 어떻게 해야 할까요? 이 관용어는 어떻게 하여야 할지 몰라서 머리가 아플 정도로 생각에 몰두하는 것을 이르는 말이에요.

3 한자어 익히기

다음 한자어를 소리 내어 읽고 빈칸에 따라 써 보세요.

公	益
공평할 **공**	더할 **익**

공익(公益): 사회 모든 사람에게 돌아가는 이익.
• 요즘은 공익 광고도 재미있게 만든다.
• 학교, 병원 등은 공익을 앞세워야 한다.
• 사람들은 마을의 공익을 위해 서로 협조하기로 했다.

公	益						
공평할 공	더할 익						

05회 읽기 방법 익히기

1 생각그물로 정리하기

생각그물은 여러 가지 생각을 관련된 것끼리 연결해서 나타내는 것입니다. 문단의 내용을 중심 문장과 뒷받침 문장으로 구분하고 그것을 생각그물로 정리하면 문단의 전체 내용을 쉽게 이해하고 기억할 수 있습니다.

★ 문단의 내용을 생각그물로 정리하려면,

(1) 문단의 중심 문장을 찾습니다.

(2) 중심 문장의 핵심 낱말이나 내용을 생각그물 가운데에 적습니다.

(3) 문단의 뒷받침 문장을 찾습니다.

(4) 뒷받침 문장의 핵심 낱말이나 내용을 생각그물 주변에 연결하여 적습니다.

1 다음 문단을 중심 문장과 뒷받침 문장으로 구분하고, 생각그물로 정리해 보세요.

> 금강산은 계절에 따라 부르는 이름이 달라집니다. 새싹과 꽃으로 화려하게 뒤덮이는 봄에는 금강산이라 부르고, 봉우리와 계곡에 푸른 잎이 우거지는 여름에는 봉래산이라 부릅니다. 단풍으로 곱게 물드는 가을에는 풍악산이라 부르고, 나뭇잎이 지고 나서 암석만 뼈처럼 드러나는 겨울에는 개골산이라고 부릅니다.

↓

중심 문장	금강산은 계절에 따라 부르는 이름이 달라집니다.
뒷받침 문장 ①	새싹과 꽃으로 화려하게 뒤덮이는 봄에는 □□□이라 부르고, 봉우리와 계곡에 푸른 잎이 우거지는 여름에는 □□□이라 부릅니다.
뒷받침 문장 ②	단풍으로 곱게 물드는 가을에는 □□□이라 부르고, 나뭇잎이 지고 나서 암석만 뼈처럼 드러나는 겨울에는 □□□이라고 부릅니다.

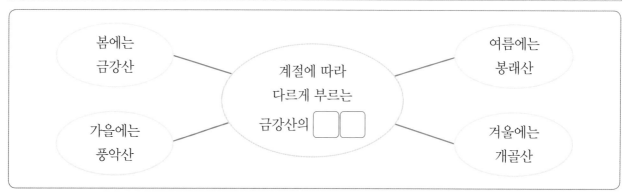

2 다음 문단을 중심 문장과 뒷받침 문장으로 구분하고, 생각그물로 정리해 보세요.

우리나라에는 특별한 날을 기념하며 즐기는 다양한 명절이 있습니다. 음력 1월 1일은 새해를 기념하는 설날입니다. 음력 5월 5일은 한 해 풍년을 기원하는 단오입니다. 음력 8월 15일은 그해에 지은 쌀과 과일로 음식을 만들어 먹고 즐기는 추석입니다.

▲ 추석에 먹는 송편

중심 문장	

뒷받침 문장 ①	뒷받침 문장 ②	뒷받침 문장 ③
		음력 8월 15일은 그해에 지은 쌀과 과일로 음식을 만들어 먹고 즐기는 추석입니다.

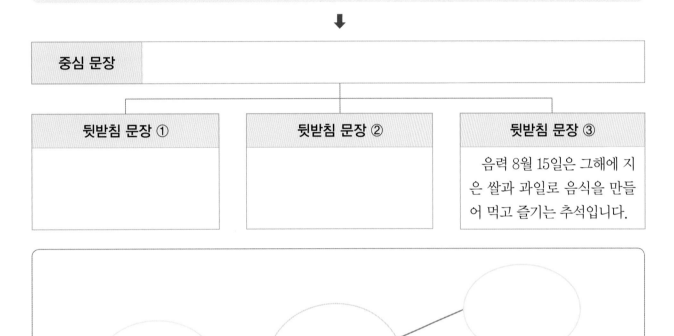

2 느끼거나 깨달은 점 공유하기

글을 읽으며 자신이 느끼거나 깨달은 점을 다른 사람과 이야기하면 글의 내용을 더욱 풍부하게 이해할 수 있습니다. 자신이 느끼거나 깨달은 점을 글로 쓰거나 그림으로 그려 친구들에게 보여 줄 수도 있습니다. 친구들과 묻고 답하기 놀이를 하거나, 그 글을 함께 읽고 싶은 친구에게 읽어 보라고 소개할 수도 있습니다.

★ **글을 읽고 자신이 느끼거나 깨달은 점을 공유하려면,**

(1) 인물이 한 행동을 통해 인물의 마음을 짐작해 봅니다.

(2) 자신이 경험한 일을 떠올려 봅니다.

(3) (1), (2)를 통해 느끼거나 깨달은 점을 다른 사람과 이야기해 봅니다.

---

1 다음 글을 읽고 느끼거나 깨달은 점을 알맞게 말하지 <u>못한</u> 친구에게 √표 하세요.

공공장소에서 규칙을 지키는 것에 대한 두 가지 재미난 실험이 있습니다. 어느 날, 주택가 골목에 쓰레기가 담긴 검은 봉투 하나를 던져 놓았습니다. 시간이 지나자 사람들은 눈치를 보며 쓰레기를 던지고 지나갑니다. 어느덧 깨끗하던 골목에 쓰레기가 하나둘씩 쌓이더니 밤새 산더미처럼 쌓이고 말았습니다.

한편, 평소에 사람들이 함부로 버린 쓰레기로 골치를 앓고 있는 골목을 찾아갔습니다. 쓰레기를 함부로 버리지 말라는 경고가 있어도 소용이 없었습니다. 그러다가, 이곳에 있던 쓰레기를 모두 치우고 꽃을 심었습니다. 쓰레기를 버리지 말라는 경고도 치워 버렸습니다. 어떻게 되었을까요? 그날 밤 누군가 쓰레기를 들고 나타났습니다. 꽃을 보고도 그냥 쓰레기를 버립니다. 그런데 갑자기 돌아와서 버린 쓰레기를 도로 주워 갑니다. 하룻밤이 지났지만 어느 누구도 쓰레기를 버리지 않았습니다.

남들이 버린 쓰레기를 치워 주는 분들께 감사해야 한다는 것을 느꼈어.

쓰레기를 버리지 말라는 경고보다 꽃을 심는 것이 더 효과적이라는 것을 깨달았어.

다른 사람이 쓰레기를 버렸다고 해서 똑같이 버려서는 안 된다는 것을 느꼈어.

다영
(   )

혁민
(   )

지혜
(   )

2 다음 글을 읽고 친구들이 묻고 답하기 놀이를 했습니다. 알맞게 답하지 **못한** 친구에게 ✔표 하세요.

호머 헐버트는 23세의 나이로 한국에 와서 우리나라 최초의 근대 교육 기관인 '육영 공원'에서 영어를 가르쳤습니다. 그는 수업을 위해 우리말을 배우다가 한글이 과학적인 문자라는 것을 깨닫고 한글의 우수성을 세계에 알리기 시작했습니다. 그리고 세계 여러 나라의 자연 환경과 문화를 종합적으로 소개한 『사민필지』라는 책을 한글로 써서 학생들에게 가르쳤습니다. 한글로 쓰인 덕분에 남녀노소 누구나 세계 각국의 지리와 문화를 알 수 있게 됐습니다. 이후에 그는 고종의 밀사가 되어서 위험을 무릅쓰고 을사조약이 무효라는 것을 다른 국가들에 알리는 일을 맡았습니다. 미국으로 돌아가서도 우리나라의 독립을 위해 애를 썼습니다. 그는 해방 후 80세가 넘어서야 한국으로 돌아와서 유언대로 자신이 사랑했던 나라인 한국 땅에 묻혔습니다.

▲ 호머 헐버트

혁민

나는 이번에 호머 헐버트라는 분에 대해 새롭게 알게 된 것이 참 많아. 너희는 호머 헐버트에 대해서 무엇을 새롭게 알게 되었니?

희재
(　　)

육영 공원에 헐버트 외에도 외국인 선생님이 많이 있었다는 걸 알게 되었어. 옛날에도 외국인 선생님이 있었다니 신기해.

헐버트가 『사민필지』라는 책을 한글로 써서 많은 사람이 세계 각국의 지리와 문화를 배울 수 있었다는 걸 알게 되었어. 참 고마운 분이야.

도연
(　　)

다영
(　　)

헐버트가 우리나라의 독립을 위해서 위험을 무릅쓰고 고종의 밀사로 나서 주었다는 걸 알게 되었어. 정말 대단해.

헐버트가 한국 땅에 묻히길 원했다는 걸 알게 되었어. 그가 진심으로 우리나라를 사랑했었다는 것을 느낄 수 있었어.

지혜
(　　)

사라질 뻔한 에펠탑

이 글의 중심 화제는 **에펠탑**입니다. 에펠탑과 연결해서 **역사, 지리, 과학**을 공부해요.
에펠탑의 탄생 배경과 역사를 알아보고, 도시 상징물로서 에펠탑의 의미를 살펴보세요.

'파리' 하면 가장 먼저 떠오르는 건축물은 무엇인가요? 아마도 많은 사람이 '에펠탑'을 떠올릴 것입니다. 에펠탑은 1889년 프랑스 혁명* 100주년을 기념하기 위해 지어진 탑으로, 파리에서 가장 높은 건축물입니다. 그래서 파리 시내 곳곳에서 에펠탑의 존재감은 특별합니다. 파리는 전체적으로 평평한 땅에 대부분 오래된 건축물로 이루어진 도시입니다. 그러다 보니 상대적으로 높이가 낮은 기존의 건축물들에 비해 젊은 건축물인 에펠탑은 300미터가 넘는 높이로 도시를 내려다보고 있습니다.

에펠탑이 지금은 매년 800만 명이 넘는 관광객이 찾는, 세계에서 가장 사랑받는 관광 명소이지만, 처음부터 환영받는 존재는 아니었습니다. 건축가 귀스타브 에펠의 이름을 딴 에펠탑은 당시 많은 예술가에게 '쓸모없고 흉측한 탑', '비극적인 가로등' 등의 혹평*을 받았습니다. 파리 시민들 또한 격렬하게 반대하며 불만을 드러냈습니다. 특히 프랑스 소설가 모파상은 에펠탑 안에 있는 식당에서 자주 점심을 먹었는데, 그 이유가 '파리에서 유일하게 에펠탑이 보이지 않기 때문'이었다고 합니다.

원래 에펠탑은 박람회 20년 뒤에 철거될 예정이었습니다. 하지만 1909년 전파 송신탑 기능이 인정되어 철거를 면하게 되었습니다. 그 후 1914년 제1차 세계 대전 당시 독일군의 침략으로 파리가 함락* 일보 직전에 놓이자, 프랑스 정부는 보르도로 피신하면서 에펠탑의 무선 송신기*를 활용하기로 합니다. 프랑스는 에펠탑의 무선 송신기로 독일군의 무선 통신을 방해하였고 결국 전쟁에서 승리하게 됩니다. 애물단지였던 에펠탑이 보물단지가 된 것입니다.

　그러나 에펠탑은 제2차 세계 대전 때 또다시 위기를 맞게 됩니다. 제2차 세계 대전 당시 독일은 프랑스를 침공해 1940년 6월부터 파리를 점령했습니다. 그러다 1944년 노르망디 상륙 작전[*]으로 연합군이 프랑스에 상륙하면서 독일군을 밀어내기 시작했습니다. 히틀러는 파리에 주둔하고 있던 독일군 사령관 콜티츠에게 에펠탑을 비롯해 루브르 박물관, 노트르담 대성당 등 파리의 주요 건물을 폭발시켜 불태우라고 지시했습니다. 하지만 콜티츠는 '나는 히틀러의 배신자가 될지언정 파리를 불바다로 만들어 인류의 죄인이 될 수는 없다.'며 명령을 거부했습니다. 히틀러가 콜티츠에게 아홉 번이나 전화해서 "파리는 불타고 있는가?"라고 물었을 때, 그는 "그렇다."라고 보고했습니다. 이렇듯 전쟁의 희생양이 되어 사라질 뻔한 에펠탑은 콜티츠 덕분에 다행히 살아남아 오늘날까지 세계 많은 사람의 사랑을 받고 있답니다.

* **프랑스 혁명**: 1789년부터 1799년까지 프랑스에서 일어난 시민 혁명. 프랑스의 사회·정치·사법·종교적 구조를 크게 바꾸어 놓음.
* **혹평**: 가혹하게 남의 잘못을 드러내어 이러쿵저러쿵 좋지 아니하게 말하여 퍼뜨림.
* **함락**: 적의 성, 요새, 진지 따위를 공격하여 무너뜨림.
* **무선 송신기**: 무선으로 전신이나 전화 등을 보내는 기계.
* **노르망디 상륙 작전**: 1944년 6월 6일, 아이젠하워 장군의 지휘 아래 연합군이 노르망디에 상륙한 작전. 이 작전의 성공으로 프랑스가 나치 독일군으로부터 해방되었으며, 제2차 세계 대전의 결과에 큰 영향을 줌.

1　이 글의 내용으로 알맞지 <u>않은</u> 것은 무엇인가요? (　　　)

　① 에펠탑은 히틀러에 의해 파괴될 뻔했다.
　② 에펠탑은 파리에서 가장 높은 건축물이다.
　③ 에펠탑의 이름은 건축가의 이름을 따서 지어졌다.
　④ 에펠탑은 세계적인 관광 명소로 많은 사람이 방문한다.
　⑤ 에펠탑은 처음 지어질 당시 파리 시민들의 큰 환영을 받았다.

사라질 뻔한 에펠탑

2 에펠탑이 위치한 국가와 도시의 이름을 쓰고, 지도에서 해당 국가를 찾아 색칠해 보세요.

3 에펠탑은 프랑스의 주요 기념일마다 색색의 조명으로 화려하게 빛나는 멋진 모습을 보입니다. 내가 조명 디자이너라면 어떻게 에펠탑을 꾸밀지 직접 표현해 보세요.

4 〈보기〉를 읽고, 미세 먼지에 가려지고 있는 에펠탑을 다시 잘 보기 위해서는 어떤 노력이 필요할지 써 보세요.

●──── 보기 ────●

미세 먼지로 인한 공기 오염 문제는 우리나라뿐만 아니라 세계 각국 도시가 몸살을 앓고 있는 문제입니다. 프랑스 파리에서도 스모그*가 짙게 낄 때면 에펠탑이 잘 보이지 않을 정도입니다.

* **스모그**: 안개와 매연, 미세 먼지가 결합하여 나타나는 대기 오염 현상.

_____

_____

5 귀스타브 에펠은 건축물에 자신의 이름을 붙였습니다. 여러분이 건축가라면 어떤 건축물을 만들어서 자신의 이름을 붙이고 싶은지 그림과 글로 표현해 보세요.

2주차

 무엇을 배울까요?

회차		글의 내용	핵심 개념	읽기 방법	학습 계획일
01회		**옛날에는 어린이가 없었다?!** 오늘날은 어린이의 권리를 소중히 여기지만, 예전에는 그러하지 못했음을 알려 주는 글입니다.	[법] (어린이의) 권리	자신의 생각 말하기	월 일 (요일)
02회		**감자는 억울해** 많은 사람에게 사랑받는 식품인 감자가 예전에는 옳지 못한 편견으로 버림받았음을 알려 주는 글입니다.	[사회 문화] 편견	문맥 의미 추론하기	월 일 (요일)
03회		**타워인가 굴뚝인가?** 쓰레기 소각장 문제를 지역 주민과 다툼 없이 어떻게 해결하게 되었는지를 보여 주는 글입니다.	[정치] 지역 문제 해결	낱말 뜻 짐작하기	월 일 (요일)
04회		**물건 없는 시장** 빠르게 바뀌고 있는 시장 모습의 하나로, 온라인 시장의 특징을 소개하는 글입니다.	[경제] 시장	중심 화제 파악하기	월 일 (요일)
05회		**읽기 방법 익히기** 이 주에 공부한 중요 [읽기 방법]을 한눈에 정리하고 문제로 확인합니다. **1** 자신의 생각 말하기 **2** 낱말 뜻 짐작하기			월 일 (요일)

어느 수준일까요?

01회
옛날에는 어린이가
없었다?!

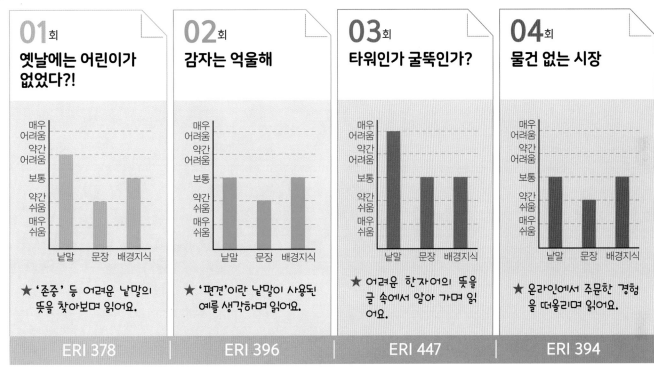

매우
어려움
약간
어려움
보통
약간
쉬움
매우
쉬움

낱말　문장　배경지식

★ '존중' 등 어려운 낱말의
뜻을 찾아보며 읽어요.

ERI 378

02회
감자는 억울해

매우
어려움
약간
어려움
보통
약간
쉬움
매우
쉬움

낱말　문장　배경지식

★ '편견'이란 낱말이 사용된
예를 생각하며 읽어요.

ERI 396

03회
타워인가 굴뚝인가?

매우
어려움
약간
어려움
보통
약간
쉬움
매우
쉬움

낱말　문장　배경지식

★ 어려운 한자어의 뜻을
글 속에서 알아 가며 읽
어요.

ERI 447

04회
물건 없는 시장

매우
어려움
약간
어려움
보통
약간
쉬움
매우
쉬움

낱말　문장　배경지식

★ 온라인에서 주문한 경험
을 떠올리며 읽어요.

ERI 394

이 주의 ERI 지수

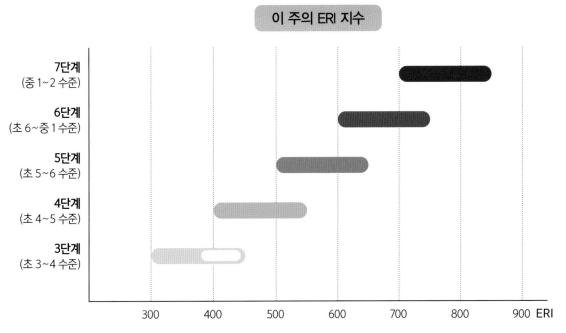

7단계
(중 1~2 수준)

6단계
(초 6~중 1 수준)

5단계
(초 5~6 수준)

4단계
(초 4~5 수준)

3단계
(초 3~4 수준)

300　400　500　600　700　800　900 ERI

옛날에는 어린이가 없었다?!

☑ 핵심 개념인 '권리'와 관련된 말들을 알아 둡시다.

→ 아동 권리 / 권리 관계 / 권리와 의무

 권리란 어떤 일을 자기 뜻대로 할 수 있는 당연한 힘이나 자격을 말해요.

☑ 글을 읽고 이것만은 꼭 찾아냅시다.

→ 어린이의 권리는 어떻게 만들어졌나요?

☑ 글에 대한 자신의 생각을 말해 봅시다.

→ 글을 읽고 난 후 글 내용에 대해 자신이 느끼거나 생각한 것을 말해 봅니다.

글에서 설명하는 내용 알기	→	글에서 설명한 내용에 대한 자신의 생각 말하기

 글을 읽고 난 후 글 내용에 대해 느끼거나 생각한 것을 말해 보아요.

1 핵심 개념 미리 보기

다음 사진 속 아이들이 무엇을 하고 있는지, 나와 다른 점은 무엇인지 써 보세요.

사진 속 아이들	물을 긷거나 엿을 팔거나 바구니를 파는 등 ☐ 을 하고 있다.
나와 다른 점	

2 읽기 방법 미리 보기

다음 글을 읽고, 글 내용에 대한 자신의 생각을 써 보세요.

방과 후에 집에 가던 ○○ 초등학교 3학년 김△△ 군은 길에서 많은 돈이 든 지갑을 주웠다. 김 군은 지갑의 주인이 무척 속상해할 것이라고 생각하여 곧바로 가까운 곳에 있는 파출소에 가서 신고했다. 경찰은 지갑 안에 있는 신분증을 조회하여 주인을 찾아 지갑을 돌려주었다. 지갑의 주인은 중요한 계약에 필요한 돈이었다며, 지갑을 찾아 준 김 군에게 여러 차례 고마움을 표현했다. ○○ 경찰서는 김 군의 선행을 칭찬하고 널리 알리기 위해 경찰서장상을 수여하기로 했다.

정답 1. 일. 예 나는 사진 속 아이들처럼 일을 하지 않고 주로 친구들과 놀거나 공부를 한다.
2. 예 많은 돈을 보고도 욕심 내지 않고 주인을 찾아 준 김 군이 대단하다.

어린이 여러분, 안녕하세요? 오늘은 바로 여러분과 같은 '어린이'에 대해 알아보려고 합니다. 어린이를 보호해야 한다는 생각이 언제 어떻게 퍼지게 되었는지 알아봅시다.

예전에는 '어린이'에 대한 생각이 오늘날과 많이 달랐습니다. ㉠300년 전의 사람들은 아기가 자라서 바로 어른이 된다고 생각했습니다. 마음대로 걷고 뛸 수 있으면 어른이라고 생각했던 것입니다. 어린이는 몸이 작지만 어른이었습니다. 그래서 어린이를 보살펴야 한다는 생각을 하지 못했습니다. 대신 어린이도 어른처럼 일을 해야 한다고 생각했습니다.

어린이를 교육하고 보살펴야 한다는 생각은 기계를 사용하여 일하게 되면서부터 생겨났습니다. 기계로 물건을 만들게 되면서, 교육을 받은 어른이어야 할 수 있는 일이 많아졌습니다. 어린이도 일을 했지만 어른처럼 잘하기 어려웠던 것입니다. 그래서 사람들은 어린이는 교육을 받아야 하고, 어른보다 약하다는 것을 깨닫게 되었답니다.

이후, 어린이는 보살핌을 받아 성장해야 한다는 생각이 점차 퍼졌습니다. 1924년에는 유엔(UN)에서 어린이를 보살피자는 약속을 담은 '아동 권리 헌장'을 발표하였습니다. 이 헌장에는 '어린이는 한 사람의 인간으로 존중받아야 한다.', '튼튼하게 낳아 참된 애정으로 가르쳐야 한다.', '마음껏 놀고 공부할 수 있는 환경을 만들어 주어야 한다.' 등의 내용이 담겨 있습니다.

우리나라에도 ㉡'아동 권리 헌장'이 있습니다. 이 헌장에는 총 9개의 어린이의 권리가 밝혀져 있습니다. 그중 첫 번째 권리는 '아동은 생명을 존중받아야 하며 부모와 가족의 보살핌을 받을 권리가 있다.'입니다.

이와 같이 오늘날에는 어린이에 대한 생각이 예전과 많이 달라졌습니다. 어른들은 어린이에 대한 올바른 생각을 갖고 어린이를 보살펴 길러야 합니다. 어른들의 보살핌 속에서 어린이는 어른이 될 준비를 해 나갈 것입니다.

▲ 서울 어린이 대공원에 설치된 1957년 최초 어린이 헌장비

중심 화제 파악하기

1. 이 글은 무엇에 대해 주로 설명하고 있는지 알맞은 것에 ∨표 하세요.

아기	어린이	어른
( )	( )	( )

문맥 의미 추론하기

2. '어린이'에 대한 ㉠의 생각에 해당하는 것을 모두 골라 ∨표 하세요.

(1) 아기가 자라면 바로 어른이 된다. ( )

(2) 몸은 작아도 어른보다 일을 잘한다. ( )

(3) 마음대로 걷고 뛸 수 있으면 어른처럼 일을 해야 한다. ( )

확장적 읽기

3. 다음은 ㉡의 일부분입니다. 빈칸에 알맞은 말을 〈보기〉에서 찾아 쓰세요.

보기

교육   보호   지식   참여

아동 권리 헌장

• 아동은 자신이 살아가는 데 필요한 ☐☐와/과 정보를 알 권리가 있다.

• 아동은 자유롭게 상상하고 도전하며 창의적으로 활동하고 자신의 능력과 소질에 따라 ☐☐받을 권리가 있다.

• 아동은 휴식과 여가를 누리며 다양한 놀이와 오락, 문화·예술 활동에 자유롭고 즐겁게 ☐☐할 권리가 있다.

세부 내용 파악하기

4. 다음과 같은 생각이 생겨나게 된 배경으로 알맞은 것은 무엇인가요? (　　　)

> 어린이는 어른들의 보살핌과 교육이 필요한 존재이다.

① 어린이의 수가 많이 줄어들었다.
② 어린이의 몸이 예전보다 작아졌다.
③ 기계를 사용하여 물건을 만들게 되었다.
④ 어린이가 어른보다 일을 잘하게 되었다.
⑤ 어린이도 기계를 사용할 줄 알게 되었다.

내용 비교하기

5. 이 글과 〈보기〉에서 공통적으로 말하는 것은 무엇인지 빈칸에 알맞은 말을 이 글에서 찾아 쓰세요.

> ● 보기 ●
>
> 　어린이의 권리를 세계 최초로 발표한 사람은 우리나라의 방정환 선생님입니다. 방정환 선생님은 1923년 5월 1일 어린이날 기념식에서 '어린이날 선언문'을 발표하였습니다. 다음은 '어린이날 선언문'의 일부분입니다.
>
> [어른들에게]
> • 어린이를 내려다보지 마시고 쳐다보아 주세요.
> • 어린이에게 높임말을 쓰시되 늘 부드럽게 하여 주세요.
> • 어린이를 혼내실 때에는 성만 내지 마시고 자세하게 타일러 주세요.

➡ 모든 어린이는 ☐☐ 받을 권리가 있다.

자신의 생각 말하기

6. 다음은 이 글을 읽고 친구들이 보인 반응입니다. 글쓴이의 생각과 일치하는 것에 √표 하세요.

(1) 유나: 어린이는 어른들의 보살핌을 받으며 성장해야 해. 　　　　　(　　　)
(2) 수현: 어린이도 어른 못지않게 가족을 보살필 수 있구나. 　　　　　(　　　)
(3) 준호: 마음대로 걷고 뛸 수 있으면 더 이상 어린이가 아니구나. 　　(　　　)
(4) 지은: 어린이가 빨리 자립하기 위해서는 열심히 일을 해야 해. 　　　(　　　)

어휘 익히기

1 낱말 뜻 알기

다음 빈칸에 알맞은 낱말을 〈보기〉에서 찾아 쓰세요.

• 보기 •

교육   헌장   존중   공부

1. 사람들은 서로를 (   )하며 살아야 한다.
   뜻 높여 받들고 소중하게 여기는 것.

2. 우리나라는 모든 국민이 (   )을/를 받을 수 있도록 한다.
   뜻 지식이나 기술 같은 것을 가르치고, 사람 됨됨이를 바르게 이끌어 주는 일.

3. 어린이가 스스로 생각하며 (   )할 수 있도록 해 주어야 한다.
   뜻 지식이나 기술을 배우고 익히는 것.

4. 대한민국 어린이 (   )은/는 1957년 5월 5일 어린이날에 발표되었다.
   뜻 어떤 약속을 지키려고 정한 규범.

2 관용 표현 알기

다음 빈칸에 알맞은 말을 쓰세요.

"□□□는 어른의 스승이다"

어린이에게서 어른이 뭔가를 배운 것이 있을 때 쓰는 말이에요. 어린이의 말이나 행동을 통해서 어른이 깨우침을 얻게 될 때 어른들이 이 말을 합니다. 어른보다 많이 알지 못하고 부족하지만 어린이가 어른들에게 좋은 영향을 준다는 뜻입니다.

3 한자어 익히기

다음 한자어를 소리 내어 읽고 빈칸에 따라 써 보세요.

權	利
권세 **권**	이로울 **리**

권리(權利): 어떤 일을 자기 뜻대로 할 수 있는 당연한 힘이나 자격.

• 사람에게는 교육을 받을 권리가 있다.
• 어린이에게는 보호받고 사랑받을 권리가 있다.
• 모든 국민은 누릴 권리와 지킬 의무를 가지고 있다.

權	利				
권세 권	이로울 리				

02회 감자는 억울해

☑ 핵심 개념인 '편견'과 관련된 말들을 알아 둡시다.

→ 편견 없는 사회 / 편견을 버리다 / 편견과 차별

 편견이란 한쪽으로 치우친 잘못된 생각을 말해요.

☑ 글을 읽고 이것만은 꼭 찾아냅시다.

→ 오늘날 많은 사람에게 사랑받는 식품인 감자가 예전에는 어떤 취급을 받았을까요?

☑ 글의 문맥에서의 의미를 생각해 봅시다.

→ 낱말이나 문장의 뜻을 글 내용에 어울리도록 풀이해 봅니다.

```
글 내용의        →    글 내용에 어울리는
흐름 이해하기           뜻으로 풀이하기
```

 문맥에서의 의미란 글 내용에 어울리게 풀이한 뜻을 말해요.

1 핵심 개념 미리 보기

다음 (　　) 안에서 알맞은 낱말을 골라 ○표 하세요.

감자는 훌륭한 식량입니다. 우리는 수천 년 동안 감자를 먹고 살았어요.

모양이 기분 나쁘게 생겼군. 미개인들이 먹는 거잖아. 만지면 병에 걸릴지도 몰라. 나는 감자가 (좋아, 싫어).

2 읽기 방법 미리 보기

〈보기〉의 낱말을 사용하여 ㉠의 뜻을 풀이해 보세요.

┌─────────── 보기 ───────────┐

발명　　　필요　　　생활

└────────────────────────────┘

　　어느 화가가 있었다. 화가는 연필로 그림을 그렸다가 고칠 부분을 지우개로 지웠다. 그런데 어느 날 지우개가 보이지 않았다. 어디에 두었는지 기억할 수가 없었다. 그날 이후 화가는 연필에 지우개를 묶어 놓고 쓰게 되었다. 이렇게 해서 만들어진 것이, 오늘날 우리가 흔히 쓰는 '지우개 달린 연필'이다.
　　㉠필요는 발명의 어머니이다. 필요한데 아직 없는 것이 무엇인지 우리 생활을 잘 관찰해 보자. 우리도 멋진 발명을 해낼 수 있을지 모른다.

➡ 필요하면 발명하게 된다. 즉 □□하다는 생각이 □□(이)라는 결과를 낳게 된다.

정답 1. 싫어　2. 필요, 발명

남아메리카의 높은 산맥에는 수백 종류의 감자가 자랍니다. 이곳 사람들은 수천 년 전부터 감자를 먹고 살았습니다. 그러나 지구의 다른 지역에는 감자가 전혀 없었습니다.

감자가 (　　ㄱ　　)의 밖으로 알려진 것은 500년밖에 되지 않습니다. 유럽 사람들이 남아메리카에 갔을 때 감자를 알게 되었습니다. 이들은 감자를 얻어 와 유럽에 심었습니다.

▲ 감자의 전파 경로

그런데 ㉡유럽 사람들은 감자를 좋아하지 않았다고 합니다. "모양이 기분 나쁘게 생겼다.", "미개한 사람들이 먹는 것이다.", "감자를 만지면 질병에 걸린다."라고 하며 감자를 싫어했습니다. 이 때문에 유럽 사람들은 굶어 죽어 가면서도 감자를 먹지 않았다고 합니다.

감자에 대한 이런 편견은 오랫동안 이어졌습니다. 그러다가 200년이나 지났을 때, 비로소 편견을 깨는 일이 생겼습니다. 감자를 심은 밭에 불이 났는데 구워진 감자에서 맛있는 냄새가 났다고 합니다. 또 ㉢감자의 가치를 알게 된 왕이 매일 감자 먹는 모습을 일부러 보여 주며, 사람들의 잘못된 생각을 바꾸려 노력했다고 합니다. 그 결과 많은 사람이 감자를 먹기 시작하였습니다.

오늘날 감자는 전 세계에 알려졌고, 수많은 사람이 좋아합니다. 감자로 만든 요리의 수는 헤아리기 어려울 정도로 많습니다. 그러나 감자는 억울한 이유로 한때 버림받았던 식품입니다. 우리 주변에 감자처럼 억울한 이유로 외면당하는 것이 없는지 살펴봅시다.

1. **이 글의 내용으로 알맞으면 ○표, 알맞지 않으면 X표 하세요.**

(1) 감자는 수천 년 전부터 식량으로 쓰였다.   (   )

(2) 감자는 유럽에서 남아메리카로 전해졌다.   (   )

(3) 오늘날에는 감자로 만든 요리가 무척 많다.   (   )

2. **㉠에 들어갈 말로 알맞은 것은 무엇인가요? (   )**

① 미국   ② 유럽   ③ 지구

④ 우리나라   ⑤ 남아메리카

3. **㉡의 이유와 이를 바로잡기 위한 말을 선으로 알맞게 이으세요.**

㉡의 이유		바로잡기 위한 말
(1) 모양이 기분 나쁘게 생겼다. •	• ㉮	감자가 질병을 옮긴다는 것은 과학적으로 밝혀지지 않았어.
(2) 미개한 사람들이 먹는 것이다. •	• ㉯	사물의 모양은 각각의 특징에 따라 생긴 거야.
(3) 감자를 만지면 질병에 걸린다. •	• ㉰	사람은 누구나 존엄한 존재야.

문맥 의미 추론하기

4. ⓒ의 뜻으로 알맞은 것에 √표 하세요.

(1) 감자는 먹어도 되는 안전한 식품이다. ( )

(2) 감자는 수많은 사람이 좋아하는 식품이다. ( )

(3) 감자는 질병을 일으키는 미개인의 식품이다. ( )

제목의 의미 추론하기

5. '감자는 억울해'와 바꿔 쓸 수 있는 이 글의 제목을 만들려고 합니다. 빈칸에 알맞은 낱말을 〈보기〉에서 찾아 쓰세요.

┌──────────── 보기 ────────────┐

경험   편견   상상

└─────────────────────────────┘

감자는 억울해 ➡ 감자에 대한 □□

시사점 추론하기

6. 이 글을 읽고 새롭게 배울 점을 생각해 보았습니다. 가장 알맞은 생각을 한 친구는 누구인가요? ( )

① 경희: 사람들이 좋아하지 않는 식품을 좋아하게 만들어야 해.

② 태린: 모든 식물은 안전하게 먹을 수 있다는 것을 깨달아야 해.

③ 서윤: 우리가 편견으로 잘못 알고 있는 것은 없는지 생각해 봐야 해.

④ 한석: 높은 산맥에서 나는 식품은 건강에 좋다는 것을 알아 두어야 해.

⑤ 강현: 감자는 사람들의 굶주림을 해결해 줄 수 있는 가장 좋은 농작물이야.

어휘 익히기

1 낱말 뜻 알기

다음 빈칸에 알맞은 낱말을 〈보기〉에서 찾아 쓰세요.

보기

미개　　질병　　억울　　외면

1. 다투었다고 친구를 (　　　　　)해서는 안 돼.
   뜻 마주 보기 싫어서 피하거나 얼굴을 돌리는 것.

2. 정글 속에 산다고 해서 (　　　　　)한 사람인 것은 아니다.
   뜻 문명이 발달하지 못하여 사는 수준이 낮음.

3. 콩쥐는 열심히 일해도 꾸중만 들어 (　　　　　)한 생각이 들었다.
   뜻 아무 잘못 없이 꾸중을 듣거나 벌을 받거나 하여 분하고 답답함.

4. 바이러스가 퍼져 생기는 (　　　　　)(으)로 전 세계 사람들이 고통받았다.
   뜻 몸과 마음에 생기는 온갖 병.

2 관용 표현 알기

다음 빈칸에 알맞은 말을 쓰세요.

"입은 비뚤어져도 □은 바로 해라"

상황이 어떻든지 말은 언제나 바르게 하여야 함을 이르는 말입니다. 우리는 상황에 따라 말의 내용을 바꾸거나 판단을 잘못하여 말하기 쉽습니다. 그러나 항상 정확하게 말하고, 올바른 판단으로 말해야 함을 강조하는 속담입니다.

3 한자어 익히기

다음 한자어를 소리 내어 읽고 빈칸에 따라 써 보세요.

食	品
먹을 **식**	물건 **품**

식품(食品): 사람이 평소에 먹는 모든 음식물.

- 식품의 종류가 매우 많다.
- 여름에는 식품이 변하지 않도록 잘 보관해야 한다.
- 건강하게 자라기 위해서는 여러 가지 식품을 골고루 먹어야 한다.

食	品						
먹을 식	물건 품						

03회 타워인가 굴뚝인가?

☑ 핵심 개념인 '지역 문제 해결'과 관련된 말들을 알아 둡시다.

→ 지역 문제 해결을 위해 머리를 맞대다.

 지역 문제 해결이란 그 지역 전체를 위해 필요하지만 주민들에게 피해를 줄 수 있어 문제가 되는 일을 해결하는 것을 말해요.

☑ 글을 읽고 이것만은 꼭 찾아냅시다.

→ 사람들이 싫어하는 쓰레기 소각장 문제를 어떻게 해결했을까요?

☑ 문맥 단서로 모르는 낱말의 뜻을 짐작해 봅시다.

→ 글에 모르는 낱말이 있을 때에는 앞뒤에 있는 다른 내용에 어울리도록 맞추어, 그 뜻을 짐작해 봅니다.

모르는 낱말의 앞뒤에 있는 내용 확인하기	→	앞뒤 내용과 어울리게, 모르는 낱말의 뜻을 짐작하기

모르는 낱말의 뜻은 앞뒤 내용을 통해 짐작할 수 있어요.

1 핵심 개념 미리 보기

㉠~㉣에 들어갈 말을 〈보기〉에서 찾아 쓰세요.

━━━━●보기●━━━━
문제   주민   지역   해결

우리 동네에 만들면 안 됩니다. 우리 동네 (㉡)들이 싫어합니다.

우리 (㉠)에서 나오는 쓰레기를 처리해야 합니다. 어느 동네에 쓰레기 소각장을 만들까요?

그럼 쓰레기 (㉢)을/를 어떻게 (㉣)하지?

우리 동네도 안 됩니다.

• ㉠: (   ) • ㉡: (   ) • ㉢: (   ) • ㉣: (   )

2 읽기 방법 미리 보기

친구들의 말을 참고하여, 다음 밑줄 친 낱말의 뜻을 짐작해 보세요.

이곳은 많은 사람이 즐겨 찾는 <u>명소</u>가 되었다.

'명소'가 무슨 뜻이지?

'명소'를 꾸미는 말을 찾아서 그 뜻을 짐작해 봐.

➡ '명소'의 뜻: _____

정답 1. ㉠ 지역, ㉡ 주민, ㉢ 문제, ㉣ 해결 2. 많은 사람이 즐겨 찾는 곳(유명한 곳)

쓰레기를 환영하는 곳은 없습니다. 자기 동네에 쓰레기가 들어오는 것은 누구나 싫어합니다. 쓰레기는 해마다 늘어나는데 쓰레기를 처리할 곳이 없어 문제입니다.

쓰레기를 처리하는 방법은 두 가지입니다. 하나는 땅에 묻는 것이고, 다른 하나는 태우는 것입니다. 이 중에서 더 간단한 방법은 태우는 것입니다. 쓰레기를 묻으려면 장소가 필요하지만, 태우면 약간의 재만 남기 때문입니다. 그래서 쓰레기를 태우는 ㉠소각장을 짓습니다.

그런데 쓰레기를 태울 때도 문제가 있습니다. 쓰레기 속에는 비닐이나 플라스틱도 들어 있는데, 이런 것들을 태우면 연기와 함께 건강에 해로운 ㉡독성 물질이 나옵니다. 쓰레기가 동네에 들어오는 것도 싫어하는데, 독성 물질까지 나온다고 하니 주민들은 쓰레기 소각장을 더 ㉢기피하게 됩니다.

그럼 쓰레기 소각장을 어떻게 지어야 할까요? 쓰레기 소각장을 만들려면, 무엇보다 쓰레기를 태울 때 연기나 독성 물질이 나오지 않게 하는 기술을 써야 합니다. 그래서 주민들에게 독성 물질로 인한 피해를 주지 말아야 합니다. 또한 쓰레기가 들어오더라도 환경을 깨끗하게 하여, 누구나 기분 좋은 ㉣쾌적한 곳이 되도록 해야 합니다.

지금은 기술이 발달하여 연기와 독성 물질이 거의 나오지 않는 시설을 지을 수 있습니다. 또한 쓰레기가 보이거나 냄새나지 않게 깨끗한 시설을 만들 수 있습니다. ○○시에서는 쓰레기 소각장에 주민 편의 시설도 만들었습니다. 쓰레기 소각장의 굴뚝이 있는 곳에는 전망대가 있는 타워를 만들고, 쓰레기를 태울 때 나오는 열로 주변 지역에 난방을 할 수 있게 했습니다. 싼 비용으로 겨울에 집을 따뜻하게 할 수 있는 것입니다. 물론 쓰레기 냄새도 나지 않고, 쓰레기 소각장인지 모를 정도로 주변 환경이 깔끔해 ㉤경관도 좋습니다. 그래서 이곳은 지역 주민과 관광객이 즐겨 찾는 지역 명소가 되었습니다. 모두가 싫어했던 쓰레기 소각장이 이제는 모두가 좋아하는 곳이 된 것입니다.

▲ ○○시의 쓰레기 소각장과 타워

세부 내용 파악하기

1. 쓰레기를 처리하는 방법에 대한 설명으로 알맞으면 ○표, 알맞지 않으면 ✕표 하세요.

(1) 쓰레기를 땅에 묻는 방법과 태우는 방법이 있다. ( )

(2) 쓰레기를 태우면 모든 쓰레기를 완벽하게 없앨 수 있다. ( )

(3) 태우는 방법은 땅에 묻는 방법에 비해 더 넓은 장소를 필요로 한다. ( )

낱말 뜻 짐작하기

2. 문맥을 단서로 ㉠~㉤의 뜻을 짐작한 것으로 알맞지 <u>않은</u> 것은 무엇인가요? ( )

① ㉠: 태우는 곳

② ㉡: 건강에 해로운 성분

③ ㉢: 반갑게 맞이하게

④ ㉣: 기분이 상쾌하고 즐거운

⑤ ㉤: 지역의 풍경

내용 파악하기

3. 이 글에서 쓰레기 소각장 문제를 해결한 방법은 무엇인가요? ( )

① 쓰레기를 태우는 대신 땅속에 묻었다.

② 주민들이 살지 않는 외딴곳에 쓰레기 소각장을 만들었다.

③ 쓰레기를 집에서부터 줄이도록 모든 가정에 알림장을 보냈다.

④ 쓰레기 소각장에서 독성 물질이 나오지 않는 쓰레기만 태우도록 하였다.

⑤ 주민들이 쓰레기 소각장으로 겪을 피해를 줄이고 대신 혜택을 만들어 주었다.

시사점 추론하기

4. 다음은 이 글을 읽고 지역 문제를 해결하기 위한 방법을 정리한 것입니다. ( ) 안에서 알맞은 낱말을 골라 ○표 하세요.

> 지역 문제를 해결하기 위해서는 주민들과 지역 사회 모두에게 (이익, 피해)이/가 생기는 방법을 찾아야 합니다. 주민들의 피해를 최대한 (늘려야, 줄여야) 하고, 주민들이 피해를 입을 때는 다른 이익을 얻을 수 (있도록, 없도록) 해야 합니다.

제목의 의미 추론하기

5. 이 글의 제목 '타워인가 굴뚝인가?'의 뜻과 그 이유로 알맞은 것에 각각 ✓표 하세요.

(1) 뜻	① 타워를 굴뚝 모양으로 만들어 이상하다는 뜻이다. ( ) ② 굴뚝이 있는 곳에 타워를 만들어 멋진 곳이 되었다는 뜻이다. ( ) ③ 굴뚝을 만들어야 했는데 전망대가 있는 타워로 잘못 만들어서 실패했다는 뜻이다. ( )
(2) 그 이유	① 전망대가 있는 타워인지, 쓰레기 소각장 굴뚝인지를 잘 구별해야 한다고 가르쳐 주고 있는 글이기 때문이다. ( ) ② 쓰레기 소각장에 전망대가 있는 타워를 만들어, 쓰레기 소각장 문제를 잘 해결하였다고 칭찬하는 글이기 때문이다. ( )

글쓴이의 생각 평가하기

6. 이 글에 제시된 해결책을 참고하여, 〈보기〉의 문제를 해결하는 데에 바람직한 의견을 제시한 사람을 모두 골라 ✓표 하세요.

> ● 보기 ●
>
> 우리 마을 옆에 노인 요양 병원이 생긴다고 합니다. 노인 요양 병원이 생기면 연세가 많은 어르신들이 우리 마을로 산책을 올 수 있어 마을 사람들이 더 조심해야 하는 불편함이 생긴다고 합니다. 이에 우리 마을 사람들이 모여 요양 병원 건설 반대 운동을 하였습니다.
>
> 요양 병원을 지으려는 사람들은 '내 땅에 짓는 것이므로 문제가 없다'고 하였습니다. 그러나 우리 마을 사람들이 반대를 하자, 요양 병원을 지으려는 사람들은 병원에 넓은 정원을 만들어 마을 사람들도 쓸 수 있게 하겠다고 하였습니다. 이에 우리 마을 사람들이 다시 모여 회의를 하였습니다.

(1) 박다감 씨: 요양 병원 환자가 우리 마을로 산책을 올 수 있지만, 우리 마을 사람도 병원의 정원을 사용할 수 있기 때문에 서로 이익이 되어 좋습니다. ( )

(2) 나대로 씨: 우리 마을과 요양 병원 사이에 울타리를 칩시다. 서로 오고가지 못하게 하면, 불편함 때문에 요양 병원을 짓지 못하게 될 것입니다. ( )

(3) 이알찬 씨: 요양 병원에 오는 사람들이 식사를 할 수 있도록 우리 마을에서 식당을 만들어 운영합시다. 그 식당에서 돈을 벌어 마을을 위해 쓰면 마을도 더 좋아질 수 있습니다. ( )

어휘 익히기

1 낱말 뜻 알기

다음 빈칸에 알맞은 낱말을 〈보기〉에서 찾아 쓰세요.

• 보기 •

소각   기피하게   쾌적한   편의

1. 논밭에 남아 있던 찌꺼기를 (   )했다.
   뜻 불에 태워 없애는 것.

2. 나이가 들수록 매운 음식을 (   ) 되었다.
   뜻 꺼리거나 싫어하여 피하는 것.

3. 오랜만에 방 청소를 하고 나니 (   ) 기분이 들었다.
   뜻 기분이 상쾌하고 즐거운.

4. 우리 동네에는 병원, 미용실, 마트, 편의점, 세탁소 등의 (   ) 시설이 많다.
   뜻 어떤 일을 하기 편한 것.

2 관용 표현 알기

다음 빈칸에 알맞은 말을 쓰세요.

"☐☐를 맞대다"

서로 마주하여 어떤 일을 의논하거나 결정하기 위해 노력하는 것을 비유적으로 이르는 말이에요. 아무리 어려운 문제라도 머리를 맞대고 애쓰면 풀리게 될 거예요.

3 한자어 익히기

다음 한자어를 소리 내어 읽고 빈칸에 따라 써 보세요.

解	決
풀 **해**	결단할 **결**

해결(解決): 어려운 일이나 문제를 풀어 잘 처리하는 것.

• 여러 사람의 노력으로 범죄 사건이 해결되었다.

• 어려운 과학 문제를 해결할 수 있는 방법을 찾아보자.

• 친구 간에 생긴 문제의 해결은 당사자가 직접 해야 한다.

解	決						
풀 **해**	결단할 **결**						

물건 없는 시장

☑ **핵심 개념인 '시장'과 관련된 말들을 알아 둡시다.**

→ 주식 시장 / 온라인 시장 / 시장 가격

시장이란 여러 가지 물건을 사고파는 곳을 말해요.

☑ **글을 읽고 이것만은 꼭 찾아냅시다.**

→ 요즘 빠르게 바뀌고 있는 시장 모습의 하나로, 온라인 시장의 특징은 무엇일까요?

☑ **글의 중심 화제를 파악해 봅시다.**

→ 각 문단에서 설명하고 있는 대상, 글 전체에서 관심을 갖고 설명하는 대상을 찾아봅니다.

글에서 관심을 갖고 설명하는 대상 찾기	→	글에서 관심을 갖고 설명하는 대상을 낱말로 말하기

 중심 화제란 글에서 관심을 갖고 설명하고 있는 대상을 말해요.

1 핵심 개념 미리 보기

다음은 온라인으로 물건을 판매하는 과정을 나타낸 것입니다. 빈칸에 알맞은 낱말을 〈보기〉에서 찾아 쓰세요.

● 보기 ●

배달   주문   포장

첫째, 온라인으로
☐☐을
받습니다.

둘째, 주문받은
물건을 ☐☐
합니다.

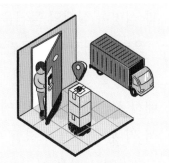

셋째, 주문받아
포장한 물건을 집에
☐☐해 줍니다.

2 읽기 방법 미리 보기

다음 글에서 관심을 갖고 설명하는 대상은 무엇인지 찾아 쓰세요.

> 생산 요소란 무엇인가를 만들어 내는 데에 필요한 재료를 말합니다. 자동차 회사는 자동차를 만듭니다. 자동차를 만들려면 일하는 사람, 철강, 유리, 고무 등이 필요하지요. 이런 것이 자동차 회사의 생산 요소인 것입니다.
>
> 버스 회사와 같이 서비스를 하는 곳도 생산 요소가 있답니다. 버스 회사가 손님을 태우려면 운전 기사와 버스가 있어야 하지요. 이것이 버스 회사의 생산 요소가 되는 것입니다.

(   )

정답 1. 주문, 포장, 배달   2. 생산 요소

시장의 모습이 달라졌습니다. 시장에서 물건을 두고 파는 것이 아니라, 온라인에서 물건을 팝니다. 시장에서보다 온라인에서 파는 물건이 갈수록 더 많아지고 있습니다.

온라인 시장은 인터넷에서 물건을 팔고 사도록 만들어 놓은 시장입니다. 파는 사람은 물건을 사진으로 보여 줍니다. 필요한 설명도 해 놓습니다. 사진과 설명이 실제의 물건을 대신하는 셈입니다.

온라인 시장에서 물건을 사는 사람은 사진과 설명을 보고 살지 말지를 결정합니다. 그런데 실제의 물건을 보는 것과 달리, 온라인에서는 물건의 크기나 품질 등을 알기 어렵습니다. 그래서 사는 사람은 물건에 대해 설명한 글을 꼼꼼하게 잘 읽어야 합니다. 또 그 물건을 먼저 사서 써 본 사람들이 경험을 적어 놓은 글도 읽어 보는 것이 좋습니다.

온라인 시장은 물건을 파는 사람에 따라 크게 두 종류로 나눌 수 있습니다. 먼저, 누구든지 자기 물건을 온라인에 소개해 놓고 팔 수 있는 시장이 있습니다. ㉠'누구나 팔 수 있는 온라인 시장'은 약간의 돈을 내면 누구든지 자기 물건을 팔 수 있는 곳입니다. 공장에서 생산된 물건뿐만 아니라, 집에서 만든 것도 팔 수 있습니다. 이런 곳에는 온갖 물건이 있습니다. 시장보다 값이 싼 물건도 많습니다. 하지만 물건의 품질이 어떤지 자세히 알기 어렵습니다.

그리고 기업*이 물건을 정해 두고서, 그 물건을 온라인에서 파는 시장이 있습니다. '기업이 운영하는 온라인 시장'입니다. 여기에서는 그 기업과 계약*을 맺은 사람들만 물건을 팔 수 있습니다. 그렇기 때문에 누구나 팔 수 있는 온라인 시장처럼 물건이 다양하지는 못합니다. 반면 기업이 책임을 지기 때문에 물건의 품질 검사가 이루어진다는 장점이 있습니다.

* **기업**: 돈을 벌려고 물건을 만들거나, 팔거나, 도와주는 여러 가지 일을 하는 단체.
* **계약**: 서로 어떤 일을 어떻게 하기로 말이나 글로 약속하는 것.

중심 화제 파악하기

1. 이 글에서 다루고 있는 중심 화제는 무엇인가요? (   )

① 인터넷
② 온라인 시장
③ 기업의 종류
④ 물건의 품질 검사
⑤ 공장에서 생산된 물건

세부 내용 파악하기

2. 온라인 시장에서 물건을 살 때 지녀야 할 태도로 알맞으면 ○표, 알맞지 않으면 X표 하세요.

(1) 물건의 크기와 품질을 설명한 글을 자세히 읽는다.   (   )
(2) 물건을 먼저 사서 써 본 사람들의 경험을 읽어 본다.   (   )
(3) 물건의 사진이 잘 나왔는지를 보고 물건을 살지 말지를 결정한다.   (   )
(4) 비쌀수록 좋은 상품일 것이라 생각하고 가장 비싼 것을 골라 산다.   (   )

세부 내용 파악하기

3. 다음은 ㉠의 장점과 단점을 정리한 것입니다. 빈칸에 알맞은 말을 〈보기〉에서 찾아 기호를 쓰세요.

┌─────────────── 보기 ●────────────────┐
㉮ 물건이 매우 다양하다.
㉯ 좋은 품질의 물건이 많다.
㉰ 집에서 만든 물건은 팔 수 없다.
㉱ 물건의 품질을 자세히 알기 어렵다.
└─────────────────────────────────────┘

장점	단점
• 누구든지 자기 물건을 팔 수 있다. • ( ) • 시장보다 값이 싼 물건도 많다.	• ( )

제목의 의미 추론하기

4. 이 글의 제목 '물건 없는 시장'의 뜻으로 가장 알맞은 것은 무엇인가요? (   )

① 팔 물건을 준비해 놓지 않은 시장

② 손으로 실제 물건을 만져 볼 수 없는 온라인 시장

③ 팔려고 소개해 놓은 물건이 전혀 없는 온라인 시장

④ 기업이 모든 상품을 다 사들여서 남은 물건이 없는 시장

⑤ 장사가 잘되어서 모든 물건을 다 팔고 남은 물건이 없는 시장

중심 내용 파악하기

5. 이 글의 특징으로 알맞은 것은 무엇인가요? (   )

① 전통 시장의 문제점을 말하고 있다.

② 새로운 시장과 그 종류를 설명하고 있다.

③ 온라인 시장의 좋은 점을 광고하고 있다.

④ 전통 시장을 살려야 함을 강조하고 있다.

⑤ 온라인 시장을 많이 이용할 것을 주장하고 있다.

글의 내용 적용하기

6. 내가 온라인 시장에 물건을 파는 사람이 되었다고 가정하고, 다음 질문에 답해 보세요.

질문	대답
자신이 가진 물건 중 온라인 시장에 팔고 싶은 것은 무엇인가요?	저는 ( )을/를 팔고 싶어요.
그 물건의 특징은 무엇이고, 가격은 얼마인가요?	

어휘 익히기

1 낱말 뜻 알기

다음 빈칸에 알맞은 낱말을 〈보기〉에서 찾아 쓰세요.

• 보기 •

온라인   품질   운영   반면

1. 나는 집에서 (   ) 수업을 받았다.
   뜻 컴퓨터가 인터넷에 연결되어 있는 것. 또는 어떤 일이 인터넷에서 이루어지는 것.

2. 공공 도서관은 나라에서 (   )한다.
   뜻 회사, 조직, 단체 등을 꾸리고 맡아서 이끄는 것.

3. 재료가 좋아야 완성된 물건의 (   )이 좋다.
   뜻 물건의 성질과 바탕.

4. 나는 미술은 좋아하는 (   ) 체육은 좋아하지 않는다.
   뜻 앞의 사실과는 반대로. 또는 다른 면으로는.

2 관용 표현 알기

다음 빈칸에 알맞은 말을 쓰세요.

"재주는 ☐☐에 가도 못 산다"

사람의 재주나 능력은 돈으로 살 수 있는 것이 아니고, 스스로 배우고 익혀야만 기를 수 있다는 말이에요. 아무리 많은 것을 파는 시장이라 하더라도, 사람의 재주나 능력을 파는 곳은 없으니까요.

3 한자어 익히기

다음 한자어를 소리 내어 읽고 빈칸에 따라 써 보세요.

市	場
시장 **시**	마당 **장**

시장(市場): 사람들이 모여서 물건이나 곡식 같은 것을 사고파는 곳.

• 텃밭에서 기른 채소를 시장에 내다 팔았다.
• 나는 오늘 시장에 심부름을 가서 저녁 반찬거리를 사 왔다.
• 장난감의 시장 경쟁이 심해져서 새로운 상품이 빠르게 만들어지고 있다.

市	場
시장 시	마당 장

05회 읽기 방법 익히기

1 자신의 생각 말하기

글에 대한 자신의 생각을 말하는 것은 글을 읽고 알게 된 내용을 나에게 맞게 정리할 수 있는 좋은 방법입니다. 글을 읽고 난 후 글 내용을 정리하고, 정리한 글 내용에 대해 느끼거나 생각한 것을 말해 봅니다. 더 알고 싶은 것을 생각해서 말해도 좋습니다.

★ 글에 대한 자신의 생각을 말하려면,

(1) 글에서 설명하는 내용을 정리해 봅니다.

(2) 글에서 설명한 내용에 대한 자신의 생각을 하나씩 적어 봅니다.

(3) 글 내용에 대한 자신의 생각을 정리하여 알맞은 표현으로 말해 봅니다.

(4) 더 알고 싶은 것이 있는지 생각해서 말해 봅니다.

1 다음 글에서 경험한 것에 대한 느낌이나 생각을 쓴 낱말이나 문장을 찾아 밑줄을 그으세요.

오늘 스마트폰 앱으로 떡볶이를 주문했다. 40분쯤 뒤에 떡볶이가 배달되어 왔을 때는 신기했다. 이전에는 가서 사 와야 했었는데……. 참 편리하다. 다른 주문도 해 보고 싶다. 앞으로도 자주 이용할 것 같다.

2 다음 글을 읽고 궁금한 내용이나 더 알고 싶은 내용을 생각하여 써 보세요.

2011년 일본 동쪽에서 일어난 지진으로 거대한 파도인 쓰나미가 생겼다. 쓰나미는 사람들이 사는 육지를 덮쳤다. 원자력 발전소에도 피해를 입혔다.

원자력 발전소의 피해는 엄청난 결과를 낳았다. 생물에 큰 피해를 입히는 방사능이라는 물질이 원자력 발전소에서 새어 나왔기 때문이다. 방사능 때문에 이상한 모습의 식물과 동물이 생겨났다.

이런 문제를 알리려고 노력하는 사람들이 있다. 그러나 이런 활동을 못 하게 막는 사람들도 있다. 이런 내용이 알려지면 사람들이 불안해할 것이기 때문이다.

3 다음 글을 읽고 물음에 답하세요.

> 회색 벽이 도화지가 되었다.
> 불안한 듯 서 있던 집들이 한 폭의 그림이 되었다.
> 좁은 골목길이 아름다운 예술 작품 전시장이 되었다.

예쁜 그림이 가득한 마을을 본 적이 있을 것이다. 예전에는 언덕에 다닥다닥 지은 집들이 가득한 곳이었다. 그 집들은 회색으로 어둡고 초라해 보였다.

㉠어느 날, 누군가가 찾아와 이 마을에 그림을 그리기 시작했다. 집 담벼락에 커다란 해바라기를 그렸다. 다음 날엔 빨간 장미꽃밭을 그려 놓았다. 이렇게 날마다 예쁜 그림들이 마을에 생겨나기 시작했다.

이 모습을 본 사람들이 하나둘씩 모여, 더 많은 그림을 그리기 시작했다. 마을에 바다가 그려지고, 파란 하늘과 구름도 그려졌다. 회색빛의 어둡던 마을이 어느새 화사한 그림 속의 마을이 되었다.

이 이야기가 알려지면서, 그림을 그리는 마을이 하나둘씩 늘어 갔다. 곳곳에서 회색의 벽이 알록달록한 그림으로 바뀌었다. 정부에서도 그림 그리기를 지원해 주기 시작했다.

작은 시작이 커다란 변화를 만들어 내었다.

(1) ㉠으로 인해 나타난 마을의 변화를 다음과 같이 정리할 때, 빈칸에 알맞은 말을 이 글에서 찾아 쓰세요.

㉠ 이전	㉠ 이후
회색빛의 어둡고 초라한 마을	

(2) 이 글에서 글쓴이의 중심 생각이 나타난 문장을 찾아 쓰세요.

_____

(3) 이 글의 중심 생각에 대한 나의 생각을 한 문장으로 써 보세요.

_____

2 낱말 뜻 짐작하기

글에 모르는 낱말이 있을 때, 그 앞뒤에 있는 다른 말을 사용해서 모르는 낱말의 뜻을 짐작할 수 있습니다. 모르는 낱말의 뜻을 짐작할 수 있는 단서에는 그 낱말을 꾸미는 말, 풀이하는 말, 위치가 대응되는 말 등이 있습니다. 그리고 문맥과 함께 배경지식을 사용해 짐작해 볼 수도 있습니다.

★ **모르는 낱말의 뜻을 짐작하려면,**

(1) 글을 읽으며 모르는 낱말을 찾습니다.

(2) 모르는 낱말을 꾸미거나 풀이하는 말, 모르는 낱말과 대응하는 위치에 있는 말 등을 찾아봅니다.

(3) 글에서 찾아낸 단서나 배경지식으로 모르는 낱말의 뜻을 짐작해 봅니다.

(4) 짐작한 뜻을 적용하여 앞뒤의 내용과 자연스럽게 이어지는지 확인해 봅니다.

---

1 다음 밑줄 친 부분을 단서로 ☐ 안의 낱말의 뜻을 짐작할 수 있는 방법을 선으로 알맞게 이으세요.

(1) 쓰레기가 동네에 들어오는 것도 <u>싫어하는데</u>, 독성 물질까지 나온다고 하니 주민들은 쓰레기 소각장을 더 기피하게 됩니다.

⊙ 꾸미는 말이 있는지 찾아보고, 꾸미는 말의 뜻을 생각해 보아요.

(2) 쓰레기를 <u>태우는</u> 소각장 을 짓습니다.

ⓛ 대응되는 말이 있는지 찾아보고, 대응되는 말과의 관계를 생각해 보아요.

(3) 주민들에게 독성 물질로 인한 피해 를 <u>주지 말아야</u> 합니다.

ⓒ 풀이하는 말이 있는지 찾아보고, 풀이하는 말과 관련지어 생각해 보아요.

(4) 쓰레기를 태울 때 나오는 열로 주변 지역에 난방 을 할 수 있게 했습니다. 싼 비용으로 <u>겨울에 집을 따뜻하게 할 수 있는 것</u>입니다.

ⓔ 앞뒤에 연결되는 말을 찾아보고, 배경지식으로 관련성을 생각해 보아요.

2 다음 글을 읽고 물음에 답하세요.

사람들은 서로 떨어져 삽니다. 그래서 멀리 사는 사람끼리 생각을 주고받을 필요를 느낍니다. 이런 사람들에게 멀리서 생각을 주고받을 수 있게 도와주는 것이 통신 수단입니다.

예전에는 사람이 소식을 전했습니다. 심부름하는 사람이 편지를 가지고 가거나 말을 전해 주었습니다. 그러다가 전화가 발명되면서 전화가 통신 수단이 되었습니다. 전화는 먼 곳에 있는 사람들이 직접 대화할 수 있게 해 주는 멋진 통신 수단이었습니다. 요즘의 통신 수단은 다양합니다. 전화만이 아니라 이메일과 누리 소통망(SNS)으로 쉽게 통신할 수 있습니다. 이메일은 인터넷을 통해 서로의 생각을 글로 써서 주고받는 통신 수단입니다. 누리 소통망도 마치 직접 대화를 하듯이 서로 짧게 글을 써 주고받는 통신 수단입니다.

미래에 우리는 어떤 통신 수단을 쓰고 있을까요? 생각에서 생각을 바로 주고받는 텔레파시를 쓰고 있지는 않을까요? 텔레파시에 대한 연구가 많이 이루어지고 있습니다. 미래의 통신 수단을 기대해 봅니다.

(1) 이 글의 밑줄 친 말 중 '통신 수단'의 뜻을 알 수 있는 단서가 <u>아닌</u> 것은 무엇인가요? (   )

① 멀리서 생각을 주고받을 수 있게 도와주는 것

② 사람들이 직접 대화할 수 있게 해 주는

③ 서로의 생각을 글로 써서 주고받는

④ 서로 짧게 글을 써 주고받는

⑤ 텔레파시에 대한 연구가 많이 이루어지고

(2) 이 글에서 '텔레파시'의 뜻을 알 수 있는 단서가 되는 말을 찾아 쓰세요.

3주차

무엇을 배울까요?

회차	글의 내용	핵심 개념	읽기 방법	학습 계획일
01회	**음향 설계사는 어떤 일을 하나요?** 지우가 이모에게서 받은 편지를 통해 음향 설계사가 하는 일을 알려 주는 글입니다.	[물리] 소리	이어 주는 말 파악하기	월 일 (요일)
02회	**기체는 힘이 세다** 커다란 기차가 수증기의 힘으로 달리는 사례를 통해 기체의 힘을 설명하는 글입니다.	[화학] 기체	주요 개념 파악하기	월 일 (요일)
03회	**도마뱀붙이를 보고 로봇을 만들었어요!** 우리 주변에 있는 동식물의 특징을 본떠 새로운 물건을 만드는 과정을 설명하는 글입니다.	[생물] 생체 모방	글의 내용을 근거로 답하기	월 일 (요일)
04회	**돌이 흙이 된다고?** 대화를 통해 크고 단단한 바위나 돌이 흙이 되는 과정을 알려 주는 글입니다.	[지구 과학] 풍화 작용	그림으로 표현하기	월 일 (요일)
05회	**읽기 방법 익히기** 이 주에 공부한 중요 [읽기 방법]을 한눈에 정리하고 문제로 확인합니다. 1 이어 주는 말 파악하기 2 글의 내용을 근거로 답하기			월 일 (요일)

어느 수준일까요?

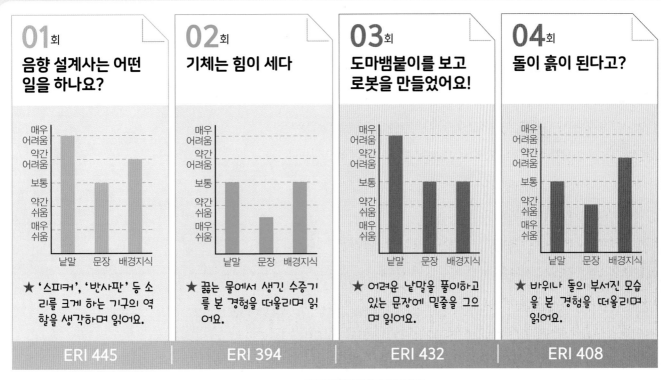

01회

음향 설계사는 어떤 일을 하나요?

★ '스피커', '반사판' 등 소리를 크게 하는 기구의 역할을 생각하며 읽어요.

ERI 445

02회

기체는 힘이 세다

★ 끓는 물에서 생긴 수증기를 본 경험을 떠올리며 읽어요.

ERI 394

03회

도마뱀붙이를 보고 로봇을 만들었어요!

★ 어려운 낱말을 풀이하고 있는 문장에 밑줄을 그으며 읽어요.

ERI 432

04회

돌이 흙이 된다고?

★ 바위나 돌의 부서진 모습을 본 경험을 떠올리며 읽어요.

ERI 408

이 주의 ERI 지수

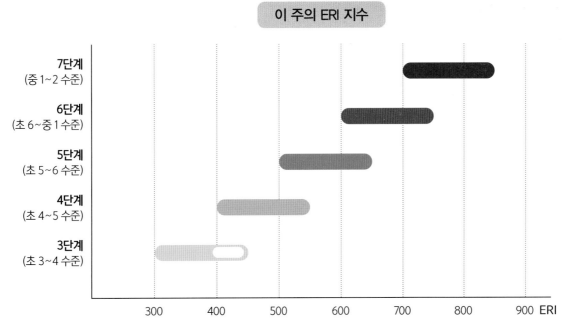

7단계
(중 1~2 수준)

6단계
(초 6~중 1 수준)

5단계
(초 5~6 수준)

4단계
(초 4~5 수준)

3단계
(초 3~4 수준)

300   400   500   600   700   800   900 ERI

음향 설계사는 어떤 일을 하나요?

☑ 핵심 개념인 '소리'와 관련된 말들을 알아 둡시다.

→ 소리의 전달 / 소리의 반사

 우리가 듣는 소리는 대부분 공기를 통해서 전달돼요.

☑ 글을 읽고 이것만은 꼭 찾아냅시다.

→ 공연장 안의 모든 사람이 소리를 잘 들을 수 있는 까닭은 무엇일까요?

☑ 글을 읽고 이어 주는 말을 파악해 봅시다.

→ 두 문장을 자연스럽게 이어 주려면 어떤 말을 사용해야 할지 생각해 봅니다.

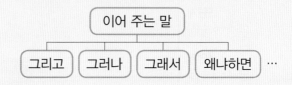

이어 주는 말			
그리고	그러나	그래서	왜냐하면 …

 이어 주는 말은 문장과 문장을 연결해 주는 말이에요.

1 핵심 개념 미리 보기

빈칸에 공통으로 들어갈 낱말을 〈보기〉에서 찾아 쓰세요.

━━━━━ ● 보기 ● ━━━━━

| 공기 | 관심 | 몸짓 | 소리 |

작은 악기에서 나는
아름다운 □□

공연장 가득
울려 퍼지는 □□

2 읽기 방법 미리 보기

□□□ 안의 낱말을 보고, 앞뒤 문장의 연결이 자연스러우면 ○표, 자연스럽지 않으면 ✕표 하세요.

(1) 지우는 음향 설계사라는 직업에 대해 좀 더 자세히 알고 싶어졌습니다. 그래서 이모에게 편지를 보냈고 답장을 받았습니다. ( )

(2) 지우야, 편지 잘 받았어. 그러나 이모가 하는 일에 관심을 가지게 되었다니 뿌듯한 마음 이 생기는구나. ( )

　지우는 음향 설계사로 일하시는 이모의 초대를 받아 음악회에 다녀왔습니다. 지우는 큰 공연장 가득히 울려 퍼지는 아름다운 소리에 감동을 받았습니다. 이모는 악기에서 나는 소리를 공연장의 모든 사람이 잘 들을 수 있도록 울려 퍼지게 하는 일이 음향 설계사의 일이라고 말씀해 주셨습니다. 지우는 음향 설계사라는 직업에 대해 좀 더 자세히 알고 싶어졌습니다. 그래서 이모에게 편지를 보냈고 답장을 받았습니다.

　지우에게

　지우야, 편지 잘 받았어. 이모가 하는 일에 관심을 가지게 되었다니 뿌듯한 마음이 생기는구나.

　음향 설계사는 쉽게 말해 소리를 다루는 직업이야. 공연장이나 영화관 같은 곳에서 관객에게 소리가 잘 전달되도록 여러 가지 일을 하는 거지. 영화관에서 영화관의 크기에 따라 스피커의 숫자나 위치가 다른 것을 본 적 있니? 어떤 스피커를 어디에 설치하는지를 결정하는 것도 음향 설계사의 일이란다.

　음향 설계사는 소리에 대해서 잘 알고 있어야 하겠지? 그래서 공기의 움직임을 공부해야 한단다. (　　㉠　　) 공기의 움직임이 소리를 전달하는 것과 관련이 있기 때문이야. 또 영화관이나 공연장의 내부 구조에 대해서도 공부를 해야 한단다. 소리는 다른 물체에 부딪히면 반사되는* 성질을 가지고 있어. 참 신기하지? 공연장 안의 모든 관객이 소리를 잘 들을 수 있게 하기 위해서는 소리의 반사를 고르게 하는 게 필요해. 그래서 음향 설계사는 공연장의 내부 구조를 생각하면서 연주하는 사람 뒤에 소리가 반사되는 판을 놓기도 하고 천장에 이 판을 붙이거나 매달기도 해.

▲ 볼록한 모양의 반사판에서 소리가 반사되어 나아가는 모양

　음향 설계사에 대한 지우의 호기심이 해결되었으면 좋겠다. 또 궁금한 점이 생기면 언제든 얘기하렴.

20××년 ○월 △일
지우를 사랑하는 이모가

---

* **반사되는**: 빛, 소리 같은 것이 물체에 부딪혀서 방향이 바뀌어 나가는.

중심 화제 파악하기

1. 이 글에 나온 지우 이모의 직업은 무엇인지 쓰세요.

(   )

내용 파악하기

2. 이 글의 내용으로 알맞지 <u>않은</u> 것은 무엇인가요? (   )

① 공기의 움직임과 소리의 전달은 관련이 있다.

② 소리는 다른 물체에 부딪히면 반사되는 성질이 있다.

③ 공연장에 놓인 반사판에는 소리를 반사하는 기능이 있다.

④ 영화관의 구조가 달라져도 스피커가 놓이는 위치는 항상 같다.

⑤ 공연장이나 영화관의 내부 구조에 따라 소리의 전달은 달라진다.

글의 목적 추론하기

3. 지우 이모가 지우에게 편지를 쓴 까닭은 무엇인가요? (   )

① 자신의 직업에 대해 알려 주기 위해서

② 지우가 들은 음악에 대해 알려 주기 위해서

③ 자신이 평소 좋아하는 영화에 대해 알려 주기 위해서

④ 지우가 다녀온 공연장의 크기에 대해 알려 주기 위해서

⑤ 지우가 음악회에서 들은 음악이 무엇인지 알려 주기 위해서

이어 주는 말 파악하기

4. ㉠에 들어갈 이어 주는 말로 알맞은 것은 무엇인가요? (   )

① 그래서   ② 그러나   ③ 그리고

④ 하지만   ⑤ 왜냐하면

문맥을 활용하여 추론하기

5. 이모의 편지를 읽고 지우가 알게 된 것으로 알맞은 것은 무엇인가요? (   )

① 공연장의 내부 구조는 소리를 전달하는 데에 영향을 미치겠구나.

② 공연장에 반사판이 없으면 관객들이 소리를 전혀 들을 수 없겠구나.

③ 공연장 앞쪽에 앉을수록 작은 소리는 더욱 작게, 큰 소리는 더욱 크게 들리겠구나.

④ 공연장에 커다란 스피커를 설치하게 되면 사람들이 소리를 더 잘 들을 수 있겠구나.

⑤ 공연장에서 울려 퍼지는 소리를 많은 사람이 듣게 하려면 공연장을 평면으로 만들어야겠구나.

글의 내용 적용하기

6. 이 글의 내용을 바탕으로, 다음 대화의 빈칸에 알맞은 말을 쓰세요.

지혜: 초음파는 우리가 들을 수 있는 ☐☐가 아니래. 그런데 동물들 중에는 초음파를 이용하는 동물들도 많대. 어떻게 그렇게 하는 거지?

다영: 고래나 박쥐 같은 동물은 자신이 내는 초음파가 주변 물체에 반사되는 것을 이용하여 자신의 위치를 알린대.

지혜: 초음파를 내면 메아리 현상 때문에 초음파가 ☐☐되어 되돌아오는 것을 이용하는구나.

어휘 익히기

1 낱말 뜻 알기

다음 빈칸에 알맞은 낱말을 〈보기〉에서 찾아 쓰세요.

```
• 보기 •
        뿌듯한     설치     구조     호기심
```

1. 컴퓨터를 (   )하기 위해 방을 치워야 한다.
   뜻 기구, 장치 등을 달거나 세우는 것.

2. 나는 새로운 물건을 보면 (   )이/가 생긴다.
   뜻 새롭고 신기한 것을 알고 싶어 하는 마음.

3. 어려운 문제를 다 풀고 나니 (   ) 마음이 들었다.
   뜻 마음이 기쁘고 흐뭇한 느낌으로 가득한.

4. 이 제품은 (   )이/가 간단하여 값이 싸고 고장이 잘 안 난다.
   뜻 여럿이 모여 이룬 얼개나 짜임새.

2 관용 표현 알기

다음 빈칸에 알맞은 말을 쓰세요.

"두 손뼉이 맞아야 [ ][ ]가 난다"

이 속담은 무슨 일이든지 두 편에서 서로 뜻이 맞아야 이루어질 수 있다는 뜻으로, 일을 할 때에는 서로 생각이 같아야 함을 이르는 말이에요.

3 한자어 익히기

다음 한자어를 소리 내어 읽고 빈칸에 따라 써 보세요.

傳	達
전할 전	통할 달

전달(傳達): 자극, 신호, 동력 등이 다른 기관에 전하여지는 것.
• 신호의 전달.
• 소리는 물속에서도 전달된다.
• 우리가 담 너머의 대화 소리를 들을 수 있는 이유는 소리가 휘어져 전달되기 때문이다.

傳	達						
전할 전	통할 달						

02회 기체는 힘이 세다

☑ 핵심 개념인 '기체'와 관련된 말들을 알아 둡시다.

→ 기체 상태 / 기체의 부피

 기체는 바람처럼 눈에 보이지 않고 손으로 잡을 수 없어요.

☑ 글을 읽고 이것만은 꼭 찾아냅시다.

→ 물을 끓여서 나온 수증기가 어떻게 기차를 움직이게 할까요?

☑ 글을 읽고 교과의 주요 개념을 파악해 봅시다.

→ 교과의 학습 내용과 관련된 글을 읽을 때에는 글에서 설명하는 주요 개념이 무엇인지, 어떤 예시를 들어 설명하고 있는지 생각하며 읽어야 합니다.

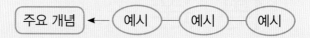

주요 개념 ← 예시 — 예시 — 예시

교과의 주요 개념이란 교과 학습을 할 때에 꼭 알아야 하는 내용을 말해요.

1 핵심 개념 미리 보기

다섯 고개 놀이를 읽고, 무엇에 대해 묻고 답하는지 쓰세요.

고개	질문	대답
☝	우리 주변에 있나요?	네, 우리 주변에 언제나 있습니다.
✌	일정한 모양이 있나요?	아니요, 일정한 모양이 있지 않습니다.
🖖	손으로 잡을 수 있나요?	아니요, 손으로 잡을 수 없습니다.
🖐	눈에 보이나요?	아니요, 눈에 보이지 않습니다.
✋	공기는 이 물질인가요?	네, 공기는 이 상태의 물질입니다.

➡ 정답은 ☐☐입니다.

2 읽기 방법 미리 보기

다음 글에서 설명하고 있는 것은 무엇인지 쓰세요.

증기 기관에는 물이 들어 있는 물탱크에 열을 가해 수증기를 만드는 장치가 있습니다. 이 장치에서 수증기가 만들어지면 수증기의 부피가 커지면서 물탱크 속 공간이 공기로 꽉 차게 됩니다. 이 때문에 공기 압력이 높아지면서 피스톤이라는 장치를 밀어 올리게 됩니다. 반대로 물탱크에 불을 끄게 되면 수증기는 식어서 물이 됩니다. 그러면 피스톤은 아래로 움직이게 됩니다. 피스톤이 위아래로 움직일 수 있는 것은 물의 온도 변화 때문입니다. 피스톤 끝은 기계와 연결되어 있어서 피스톤이 위아래로 움직이면 기계가 움직이게 됩니다. 이렇게 수증기를 이용하여 기계를 움직일 수 있는 장치인 증기 기관을 만든 것이죠.

(   )

정답 1. 기체 2. 증기 기관

　여러분은 '칙칙폭폭'이라는 말을 들어 본 적 있나요? 이 말을 들으면 무엇이 떠오르나요? '칙칙폭폭'은 증기 기관차[*]가 연기를 뿜으면서 달리는 소리를 말합니다. 지금은 보기 힘들지만, 예전에는 '칙칙폭폭' 달리는 기차가 있었습니다. 물을 끓여서 만든 뜨거운 수증기를 내뿜으며 힘차게 달리는 기차이지요. 커다란 기차가 물로 달리는 모습을 상상해 보세요. ㉠정말 신기하고 놀라운 모습입니다.

　그러면 기차가 어떻게 수증기의 힘으로 달릴 수 있는 것일까요? 그것은 기체의 성질과 관련이 있습니다. ㉡물을 끓이면 수증기가 되어 부피가 커지게 됩니다. 그리고 다시 온도를 낮추면 수증기가 물이 되어 부피가 작아지게 됩니다. 이처럼 과학자들은 온도에 따라 물질의 부피가 달라질 수 있다는 사실을 발견하게 되었습니다. 사람들은 이 사실을 이용하여 '증기 기관'을 만들었습니다.

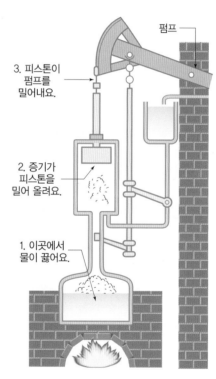

펌프

3. 피스톤이 펌프를 밀어내요.

2. 증기가 피스톤을 밀어 올려요.

1. 이곳에서 물이 끓어요.

▲ 증기 기관의 원리

　증기 기관에는 물이 들어 있는 물탱크에 열을 가해 수증기를 만드는 장치가 있습니다. 이 장치에서 수증기가 만들어지면 수증기의 부피가 커지면서 물탱크 속 공간이 공기로 꽉 차게 됩니다. 이 때문에 공기 압력이 높아지면서 피스톤[*]이라는 장치를 밀어 올리게 됩니다. 반대로 ㉢물탱크에 불을 끄게 되면 수증기는 식어서 물이 됩니다. 그러면 피스톤은 아래로 움직이게 됩니다. 피스톤이 위아래로 움직일 수 있는 것은 물의 온도 변화 때문입니다. 피스톤 끝은 기계와 연결되어 있어서 피스톤이 위아래로 움직이면 기계가 움직이게 됩니다. 이렇게 수증기를 이용하여 기계를 움직일 수 있는 장치인 증기 기관을 만든 것이죠.

　증기 기관을 처음 발명했을 때는 석탄에 불을 ㉣붙였습니다. ㉤석탄으로 물을 끓여 만든 수증기의 힘으로 수레를 밀어서 바퀴를 움직이게 하는 힘을 만들었습니다. 이러한 증기 기관의 원리[*]는 지금도 여러 발전소에서 사용되고 있습니다. 석탄이나 땅의 열을 이용하여 물을 끓여서 기계를 움직이게 하여 전기를 생산하는 것입니다. 물을 끓여서 나오는 기체로 기차를 움직이게 하고 또 전기도 얻을 수 있다니! 기체의 힘은 정말 대단하지요?

* **기관차**: 기차에서 사람이나 짐을 실은 차를 끌고 다니는 차. 증기 기관차, 디젤 기관차, 전기 기관차 등이 있음.
* **피스톤**: 증기 기관 안에 있는 원통 속에서 왕복 운동을 하는 장치.
* **원리**: 사물의 근본이 되는 이치.

내용 파악하기

1. 이 글의 내용으로 알맞지 <u>않은</u> 것은 무엇인가요? (   )

① 물을 끓이면 수증기가 된다.

② 끓인 물과 식은 물의 부피는 다르다.

③ 증기 기관은 전기의 성질을 이용하여 만든 기계이다.

④ 증기 기관에는 위아래로 움직이는 피스톤이라는 장치가 있다.

⑤ 증기 기관의 원리는 발전소에서 전기를 얻을 때에도 사용된다.

내용 요약하기

2. 이 글의 내용을 요약할 때 꼭 필요한 말을 네 개 골라 √표 하세요.

칙칙폭폭	물	증기 기관	기체
( )	( )	( )	( )

부피	석탄	발전소
( )	( )	( )

사실과 의견 구분하기

3. ㉠~㉢ 중 의견을 나타내는 문장으로만 짝지어진 것은 무엇인가요? (   )

① ㉠

② ㉠, ㉡

③ ㉢, ㉣

④ ㉡, ㉢, ㉣

⑤ ㉠, ㉡, ㉢, ㉣

💡 **주요 개념 파악하기**

4. 이 글을 읽고 '증기 기관'에 대해 알게 된 내용을 다음과 같이 정리할 때, 빈칸에 알맞은 말을 쓰세요.

> • 물은 상태가 변화하는 성질이 있음.
> • 증기 기관: 온도에 따라 ☐☐가 달라지는 물의 성질을 이용하여 기계를 움직일 수 있는 장치

낱말 뜻 짐작하기

5. ㉮와 같은 뜻으로 사용된 낱말은 무엇인가요? (   )

① 책상을 벽에 <u>붙였습니다</u>.
② 연탄에 불을 <u>붙였습니다</u>.
③ 종이를 칠판에 <u>붙였습니다</u>.
④ 봉투에 우표를 <u>붙였습니다</u>.
⑤ 다친 곳에 반창고를 <u>붙였습니다</u>.

글의 내용 적용하기

6. 증기로 기차가 움직이는 원리와 유사한 원리가 적용된 현상에 ✓표 하세요.

(1) 방에 널어 둔 빨래가 마르는 것

(   )

(2) 주전자의 물이 끓으면 주전자 뚜껑이 움직이는 것

(   )

(3) 주스 컵 속 얼음이 녹으면 주스가 맛이 없어지는 것

(   )

어휘 익히기

1 낱말 뜻 알기

다음 빈칸에 알맞은 낱말을 〈보기〉에서 찾아 쓰세요.

• 보기 •

증기   부피   발견   발명

1. 물이 끓기 시작하자 주전자가 (   )을/를 내뿜었다.
   뜻 액체나 고체가 변하여 생기는 기체.

2. 기체 상태인 천연가스는 (   )이/가 커서 저장과 운반이 불편하다.
   뜻 넓이와 높이가 있는 물건이 차지하는 공간 크기.

3. 조선 사람들의 쉼터 역할을 했던 정자터가 경주에서 처음으로 (   )되었다.
   뜻 어떤 것을 알아내거나 찾아내는 것.

4. 사람들이 끊임없이 새로운 도구를 (   )해 온 덕분에 우리의 생활은 편리해졌다.
   뜻 없던 기술이나 물건을 처음 만들어 내는 것.

2 관용 표현 알기

다음 빈칸에 알맞은 말을 쓰세요.

" □□는 발명의 어머니"

우리 주변의 수많은 발명품은 더 편리한 생활을 하고자 하는 사람들의 생각에서 비롯되었습니다. 이 말은 무언가가 필요하다고 느끼는 사람들의 생각이 발명을 하게 만든다는 뜻이에요.

3 한자어 익히기

다음 한자어를 소리 내어 읽고 빈칸에 따라 써 보세요.

氣	體
기운 기	몸 체

기체(氣體): 공기, 연기처럼 정해진 꼴 없이 온도나 압력에 따라 부피가 쉽게 달라지는 물질.
• 물을 끓이면 기체 상태가 된다.
• 물질에는 기체, 액체, 고체가 있다.

氣	體						
기운 기	몸 체						

03회 도마뱀붙이를 보고 로봇을 만들었어요!

 핵심 개념인 '생체 모방'과 관련된 말들을 알아 둡시다.

→ 생체 모방 로봇 / 생체 모방 기술

사람들은 자연을 모방하여 우리 생활에 유용한 기술을 개발했어요.

글을 읽고 이것만은 꼭 찾아냅시다.

→ 사람들이 자연을 본떠 새로운 것을 만들어 우리 생활에 적용하는 기술을 무엇이라고 할까요?

글을 읽고 질문에 대해 글의 내용을 근거로 답해 봅시다.

→ 글에 대한 질문을 받았을 때에는 글의 내용을 근거로 정확하게 답해야 합니다.

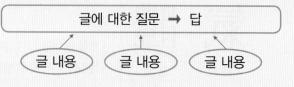

글에 대한 질문 → 답

글 내용   글 내용   글 내용

글의 내용을 근거로 질문에 답하려면 글에서 어떤 정보를 찾아야 하는지 생각해야 해요.

1 핵심 개념 미리 보기

사다리로 연결된 뜻과 낱말이 알맞으면 ○표, 알맞지 않으면 ✕표 하세요.

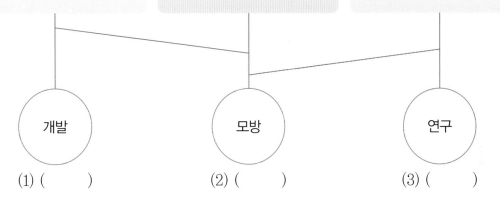

다른 것을 흉내 내거나
본떠서 그대로 따라 하는 것.

새로운 것을 연구해서
처음 만들어 내는 것.

어떤 이치나 사실을
밝히려고 깊이 공부하는 것.

개발

모방

연구

(1) (　　　)　　　　(2) (　　　)　　　　(3) (　　　)

2 읽기 방법 미리 보기

다음 글을 읽고, 선생님의 질문에 대한 학생의 답을 완성해 보세요.

동물이나 식물을 연구하여 그 특징을 본떠 새로운 것을 만들어 우리 생활에 적용하기도 하는데, 이를 '생체 모방'이라고 합니다. 과학자들은 치타, 코끼리, 뱀과 같은 동물, 소금쟁이, 장수풍뎅이와 같은 곤충 등의 움직임이나 생김새를 모방하였습니다.

'생체 모방'은 무엇의 특징을 본떠 새로운 것을 만드는 것인가요?

☐☐이나 ☐☐의 특징입니다.

우리 주변에서 흔히 볼 수 있는 동물과 식물은 우리가 새로운 제품을 생각해 내는 데에 도움을 줍니다. 동물이나 식물을 연구하여 그 특징을 본떠 새로운 것을 만들어 우리 생활에 적용하기도 하는데, 이를 '생체 모방'이라고 합니다. 과학자들은 치타, 코끼리, 뱀과 같은 동물, 소금쟁이, 장수풍뎅이와 같은 곤충 등의 움직임이나 생김새를 모방하였습니다. 그리고 그 특징을 본떠 우리 삶에 유용한 여러 가지 종류의 로봇을 만들기도 합니다. 그중 '도마뱀붙이'라는 동물에 대해 살펴볼까요?

도마뱀붙이가 벽을 기어 다니는 모습을 본 적이 있나요? 도마뱀붙이는 몸길이가 12센티미터 정도로 몸집이 작은 편이 아닙니다. 그렇지만 영화에 등장하는 '스파이더맨'처럼 손쉽게 벽을 ㉠올라가기도 하고 천장에 거꾸로 매달려 움직이기도 하지요.

도마뱀붙이가 몇 시간이고 벽에 달라붙어 있을 수 있는 이유는 무엇일까요? 또 도마뱀붙이가 벽에서도 천장에서도 마음껏 움직일 수 있는 이유는 무엇일까요? 그 비밀은 바로 도마뱀붙이의 발바닥에 붙어 있는 털에 있습니다. 도마뱀붙이의 발바닥에는 '강모'라고 불리는 아주 작고 가는 털이 약 50만 개나 붙어 있어요. 도마뱀붙이의 강모는 약 120킬로그램의 무게를 지탱할 수 있는 힘을 가지고 있습니다.

미국의 발명가는 도마뱀붙이의 강모를 모방하여 접착제를 개발하였습니다. 그리고 미국에서 일하던 우리나라의 연구원은 이것을 로봇 발바닥에 적용하였습니다. 이것이 바로 '스틱키봇'이라는 로봇입니다. 스틱키봇은 '달라붙는 로봇'이라는 뜻이에요. 스틱키봇을 발명한 연구원은 '한번 달라붙으면 절대 떨어지지 않으면서 발걸음을 옮길 때에는 너무나 사뿐히 움직이는 도마뱀붙이의 발바닥'을 보고 로봇의 원리를 떠올

▲ 스틱키봇

렸다고 말했답니다. 도마뱀붙이의 발바닥과 비슷한 모양의 발바닥을 가진 로봇을 만들었던 것이죠. 여러분도 주변의 동물과 식물을 잘 살펴 스틱키봇과 같은 로봇을 만들어 볼 수 있지 않을까요?

내용 파악하기

1. 이 글에 나온 '도마뱀붙이'에 대한 설명으로 알맞으면 ○표, 알맞지 않으면 ✕표 하세요.

(1) 도마뱀붙이의 발바닥에 붙어 있는 강모는 약 120개 정도이다. (　　　)

(2) 도마뱀붙이를 본떠 만든 '스틱키봇'은 '달라붙는 로봇'이라는 뜻이다. (　　　)

(3) 도마뱀붙이가 벽이나 천장에서 마음껏 움직일 수 있는 이유는 발바닥의 강모 때문이다. (　　　)

핵심어 찾기

2. 동물이나 식물의 특징을 본떠 새로운 것을 만들어 우리 생활에 적용하는 것을 무엇이라 하는지 이 글에서 찾아 쓰세요.

(　　　　　　　　　　　　　)

문단 구분하기

3. 이 글의 문단에 대한 설명으로 알맞지 <u>않은</u> 것은 무엇인가요? (　　　)

① 모두 4개의 문단으로 이루어져 있다.
② 각 문단은 여러 개의 문장이 모여 있다.
③ 각 문단에는 중심 문장과 뒷받침 문장이 있다.
④ 각 문단에서 가장 먼저 나오는 문장이 그 문단의 중심 문장이다.
⑤ 새로운 문단이 시작될 때는 맨 앞 칸을 한 칸 비우고 쓰기 시작하였다.

낱말 관계 파악하기

4. ㉠의 '올라가다'와 반대의 뜻을 가진 낱말을 쓰세요.

(　　　　　　　　　　　　　)

5. '스틱키봇'을 만든 연구원이 도마뱀붙이를 보고 떠올렸을 생각으로 가장 알맞은 것은 무엇인가요? (　　　)

① 도마뱀붙이의 날렵한 움직임을 이용하면, 빠르게 움직일 수 있는 로봇을 만들 수 있겠군.
② 도마뱀붙이의 발바닥에 붙어 있는 강모의 원리를 이용하면, 벽에 달라붙을 수 있는 로봇을 만들 수 있겠군.
③ 도마뱀붙이가 끈적한 접착 물질을 내뿜는다는 점을 이용하면, 물건들을 붙이는 데에 활용할 수 있는 로봇을 만들 수 있겠군.
④ 도마뱀붙이가 몇 시간이고 벽에 달라붙어 있을 수 있다는 것을 이용하면, 영화에 등장하는 '스파이더맨'과 똑같은 로봇을 만들 수 있겠군.
⑤ 도마뱀붙이는 최대한 자기 몸무게 정도의 무게를 지탱할 수 있다는 점을 이용하면, 무거운 물건을 옮기는 데에 사용할 수 있는 로봇을 만들 수 있겠군.

6. 이 글에서 설명한 기술을 활용하여 만든 로봇으로 알맞지 <u>않은</u> 것에 ✓표 하세요.

(1)
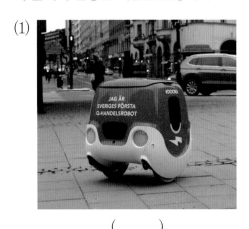
(　　　)

(2)
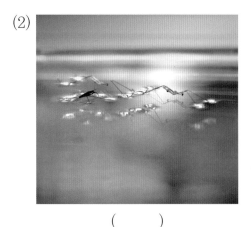
(　　　)

(3)
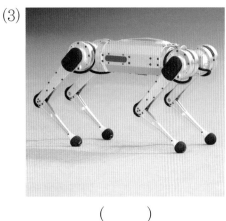
(　　　)

어휘 익히기

1 낱말 뜻 알기

다음 빈칸에 알맞은 낱말을 〈보기〉에서 찾아 쓰세요.

● 보기 ●
| 본떠 | 유용 | 지탱 | 사뿐히 |

1. 아이가 징검다리를 (   ) 밟으며 건너간다.
   뜻 소리가 나지 아니할 정도로 가볍게 발을 내디디는 상태로.

2. 남의 작품을 (   ) 그린 그림은 예술적 가치가 없다.
   뜻 이미 있는 대상을 본으로 삼아 그대로 좇아 만들어.

3. 그는 더 이상 자신의 다리로 몸을 (   )할 수 없었다.
   뜻 오래 버티거나 배겨 냄.

4. 꿀벌은 인간에게 다양한 이로움을 가져다주는 (   )한 곤충이다.
   뜻 쓸모가 있음.

2 관용 표현 알기

다음 빈칸에 알맞은 말을 쓰세요.

"□□□ 세수하듯"

고양이가 얼굴과 몸을 닦는 모습을 본 적이 있나요? 고양이는 혀로 몸의 털을 핥아서 자신의 털을 정리하는데, 이 모습이 물을 조금만 묻히고 세수를 하는 것처럼 보인답니다. 그래서 이 속담은 남이 하는 것을 흉내만 내고 그친다는 뜻으로 쓰여요.

3 한자어 익히기

다음 한자어를 소리 내어 읽고 빈칸에 따라 써 보세요.

生	體
날 생	몸 체

생체(生體): 생물의 몸. 또는 살아 있는 몸.
• 생체 해부.
• 생체를 조사하다.
• 사람의 손가락에 있는 지문은 생체 인식 기술에 활용되고 있다.

生	體						
날 생	몸 체						

▲ 울주 대곡리 반구대 암각화 전경

☑ 핵심 개념인 '풍화 작용'과 관련된 말들을 알아 둡시다.

→ 풍화 작용을 받다. / 풍화 작용을 견디다.

> 풍화 작용은 매우 느리게 일어나기 때문에 우리가 눈치 채기 어려울 수 있답니다.

☑ 글을 읽고 이것만은 꼭 찾아냅시다.

→ 바위나 돌이 햇빛이나 공기, 물에 의해 제자리에서 점차 부서지는 현상을 무엇이라고 할까요?

☑ 글을 읽고 글의 내용을 그림으로 표현해 봅시다.

→ 그림으로 표현한 내용이 글의 내용을 알맞게 나타내는지, 글을 더 잘 이해하는 데에 도움을 줄 수 있는지 생각해 봅니다.

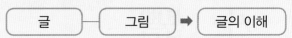

[글] — [그림] → [글의 이해]

> 글의 내용을 그림으로 표현하려면 어떤 내용이 그림으로 나타날 수 있는지 생각해야 해요.

1 핵심 개념 미리 보기

빈칸에 공통으로 들어갈 낱말을 쓰세요.

♬♪ 동요「돌과 물」

바윗돌 깨뜨려 돌덩이
돌덩이 깨뜨려 □□□
□□□ 깨뜨려 자갈돌
자갈돌 깨뜨려 모래알
랄라 랄랄라 랄랄라
랄라 랄랄라 랄랄라

국어사전에서 찾았어요!

• 바윗돌: 바위처럼 큰 돌.
• 돌덩이: 돌멩이보다 크고 바위보다 작은 돌.
• □□□: 돌덩이보다 작은 돌.
• 자갈돌: 작고 아무렇게나 생긴 돌멩이.
• 모래알: 모래의 낱 알갱이.

2 읽기 방법 미리 보기

다음 글을 읽고, 민수와 아빠가 있는 곳을 알맞게 나타낸 그림에 √표 하세요.

"야호!"
아빠와 산봉우리에 오른 민수는 신이 나 소리쳤어요.
"아빠, 저기 저 바위들 좀 보세요. 정말 멋져요. 천년만년이 지나도 저 바위는 저렇게 멋지게 남아 있겠죠?"

(1)

(   )

(2)

(   )

정답 1. 돌멩이 2. (1)

"야호!"

아빠와 산봉우리에 오른 민수는 신이 나 소리쳤어요.

"아빠, 저기 저 바위들 좀 보세요. 정말 멋져요. 천년만년이 지나도 저 바위는 저렇게 멋지게 남아 있겠죠?"

"그럴 수도 있고 아닐 수도 있단다. 저 바위는 오랜 시간이 지나면 제자리에서 부서져서 우리가 밟고 있는 흙이 될 수도 있거든."

"네? 저렇게 큰 돌이 흙이 된다고요?"

"저 돌도 작게 부서지고 성질이 변하면 흙이 될 수 있지."

아빠의 말씀을 들은 민수는 궁금한 점이 ㉮생겼습니다.

"아빠, 저렇게 큰 돌이 어떻게 작게 부서질 수 있나요?"

"좋은 질문이네. 민수는 바위가 어떻게 해야 부서진다고 생각하니?"

"제 생각에는 바위는 큰 망치 같은 것으로 쳐야 부서질 것 같아요."

"자, 살펴보도록 하자. 바위에는 여러 개의 틈이 있어. 우리가 걸터앉은 이 바위에도 이렇게 크고 작은 틈이 있는 걸 볼 수 있지?"

"맞아요. 단단해 보이는 바위에 틈이 많이 있어요. 저쪽의 틈은 제 손이 들어갈 만큼 커요."

민수의 대답을 들은 아빠는 질문을 이어 가셨습니다.

"바위의 틈 사이로 스며든 물이 얼면 부피가 변한단다. 어떻게 변할까?"

"과학책에서 보았는데 물이 얼음이 되면 부피가 커진다고 했어요."

"그렇지. 그렇게 부피가 커지면 바위의 틈은 어떻게 될까?"

"(　　　　　　　　　　㉠　　　　　　　　　　)"

"그렇게 바위틈의 물이 얼었다 녹았다를 반복하면 바위의 틈이 점차 벌어져서 바위가 부서질 수 있는 것이란다. 그래서 옛날 조상님들은 이런 방법을 이용해서 큰 바위를 작게 쪼개어 사용하기도 했지."

"신기하네요. 오랜 시간이 걸리기는 해도 바위도 작게 깨져 돌이 되고, 돌이 깨져서 흙이 될 수 있다는 게 정말 신기해요."

"그렇지. 그러니 언젠가는 흙이 될 수 있는 저 바위의 멋진 모습을 기억해 두렴."

　집에 돌아온 민수는 아빠가 말씀하신 내용을 책에서 찾아보았습니다. (　㉡　) 바위나 돌이 햇빛이나 공기, 물에 의해 제자리에서 점차 부서지는 것을 '풍화 작용*'이라고 한다는 것을 알게 되었습니다.

* **작용**: 어떠한 현상을 일으키거나 영향을 미침.

중심 내용 파악하기

1. 이 글의 내용으로 보아, 바위나 돌이 제자리에서 점차 부서지는 이유는 무엇인가요? (　　　)

① 메아리가 울리기 때문에
② 망치로 세게 치기 때문에
③ 햇빛이나 공기, 물 때문에
④ 사람들이 밟고 다니기 때문에
⑤ 높은 산봉우리에 있기 때문에

생략된 내용 짐작하기

2. ㉠에 들어갈 말로 가장 알맞은 것은 무엇인가요? (　　　)

① 흙이 될 것 같아요.
② 얼게 될 것 같아요.
③ 더 벌어지게 될 것 같아요.
④ 물이 스며들게 될 것 같아요.
⑤ 돌이 더 단단해지게 될 것 같아요.

이어 주는 말 파악하기

3. ㉡에 들어갈 이어 주는 말로 알맞은 것은 무엇인가요? (　　　)

① 그리고　② 그러나　③ 그렇지만
④ 왜냐하면　⑤ 그러므로

4. 다음은 이 글에서 민수가 한 말입니다. 사실을 나타낸 문장에는 '사', 의견을 나타낸 문장에는 '의'를 쓰세요.

(1) 제 생각에는 바위는 큰 망치 같은 것으로 쳐야 부서질 것 같아요.　　　(　　)

(2) 물이 얼음이 되면 부피가 커진다고 했어요.　　　(　　)

(3) 돌이 깨져서 흙이 될 수 있다는 게 정말 신기해요.　　　(　　)

5. ㉮와 같은 뜻으로 사용된 낱말은 무엇인가요? (　　)

① 호기심이 생겼습니다.

② 아기가 귀엽게 생겼습니다.

③ 이러다 큰일 나게 생겼습니다.

④ 그것은 달걀 모양으로 생겼습니다.

⑤ 엄마 몰래 한 일이 들키게 생겼습니다.

6. 민수는 바위가 제자리에서 흙이 되는 과정에 대해 알게 된 내용을 다음과 같이 그림으로 정리하였습니다. 빈칸에 공통으로 들어갈 말을 이 글에서 찾아 쓰세요.

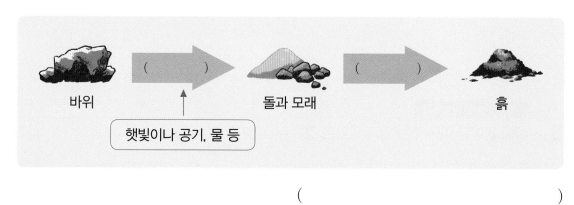

바위　　　돌과 모래　　　흙

햇빛이나 공기, 물 등

(　　　　　　　　　　　　　)

어휘 익히기

1 낱말 뜻 알기

다음 빈칸에 알맞은 낱말을 〈보기〉에서 찾아 쓰세요.

> • 보기 •
>
> 산봉우리　　　제자리　　　틈　　　점차

1. 구름이 걷히자 (　　　　　)이/가 드러났다.
   뜻 산에서 뾰족하게 높이 솟은 부분.

2. 창문 (　　　　　)(으)로 바람이 들어오고 있다.
   뜻 벌어져 사이가 난 자리.

3. 열심히 공부했더니 성적이 (　　　　) 나아지고 있다.
   뜻 차례를 따라 조금씩.

4. 경기가 시작되기 전에 그는 (　　　　) 뛰기를 하며 몸을 풀었다.
   뜻 위치의 변화가 없는 같은 자리.

2 관용 표현 알기

다음 빈칸에 알맞은 말을 쓰세요.

"낙숫물이 댓돌을 ☐☐☐☐"

낙숫물은 처마 끝에서 떨어지는 물이고, 댓돌은 집에 드나들 때 밟고 올라서는 넓적한 돌입니다. 이 속담은 낙숫물도 한 방울씩 계속 떨어지면 댓돌을 뚫을 수 있다는 뜻으로, 작은 힘이라도 꾸준히 계속하면 큰일을 이룰 수 있음을 이르는 말이에요.

3 한자어 익히기

다음 한자어를 소리 내어 읽고 빈칸에 따라 써 보세요.

風	化
바람 **풍**	될 **화**

풍화(風化): 지구의 표면을 구성하는 암석이 햇빛, 물, 공기, 생물 따위의 작용으로 점차 파괴되거나 분해되는 일.

• 이곳은 풍화가 계속 이루어져 생긴 땅이다.
• 매우 건조한 환경에서는 햇빛에 의한 풍화가 두드러지게 발생한다.

風	化				
바람 풍	될 화				

05회 읽기 방법 익히기

1 이어 주는 말 파악하기

글을 제대로 이해하기 위해서는 글에 나타난 이어 주는 말이 알맞은지 생각하며 읽어야 합니다. '이어 주는 말'이란 문장과 문장의 내용을 연결하는 표현을 말합니다. 주로 글의 내용을 자연스럽게 연결하고 앞의 내용을 정리하거나 뒤따라 나올 내용을 안내합니다. 이어 주는 말에는 '그리고, 그래서, 그러나, 그런데, 그러므로, 왜냐하면' 등이 있습니다.

★ 이어 주는 말이 알맞은지 확인하려면,

(1) 이어 주는 말을 중심으로 앞의 문장과 뒤의 문장을 확인해 봅니다.

(2) 앞의 문장과 뒤의 문장이 어떻게 연결되는지 생각해 봅니다.

(3) 다양한 이어 주는 말 중 어떤 말을 활용해야 내용이 자연스럽게 연결되는지 생각해 봅니다.

1 다음 빈칸에 들어갈 이어 주는 말을 바르게 파악한 친구에게 √표 하세요.

> 음향 설계사는 소리에 대해서 잘 알고 있어야 하겠지? 그래서 공기의 움직임을 공부해야 한단다. (   ) 공기의 움직임이 소리를 전달하는 것과 관련이 있기 때문이야. 또 영화관이나 공연장의 내부 구조에 대해서도 공부를 해야 한다. 소리는 다른 물체에 부딪히면 반사되는 성질을 가지고 있어. 참 신기하지? 공연장 안의 모든 관객이 소리를 잘 들을 수 있게 하기 위해서는 소리의 반사를 고르게 하는 게 필요해. 그래서 음향 설계사는 공연장의 내부 구조를 생각하면서 연주하는 사람 뒤에 소리가 반사되는 판을 놓기도 하고 천장에 이 판을 붙이거나 매달기도 해.

앞뒤 문장의 내용이 서로 비슷하니까 '그리고'가 들어가야 해.	뒤 문장이 앞 문장의 이유가 되니까 '왜냐하면'이 들어가야 해.	뒤 문장이 앞 문장의 내용과 반대되니까 '그러나'가 들어가야 해.	앞 문장이 뒤 문장의 원인이 되니까 '그래서'가 들어가야 해.

다영	혁민	지혜	도연
( )	( )	( )	( )

2 **다음 글을 읽고 물음에 답하세요.**

옆집에서 시끄럽게 개 짖는 소리, 도로에서 달리는 자동차 소리, 낮게 나는 비행기 소리의 공통점은 무엇일까요? '소음' 입니다. 소음은 사람의 기분을 좋지 않게 만드는 시끄러운 소리입니다. 소음은 때로는 사람의 건강을 해칠 수도 있습니다. (㉠) 사람들은 소음을 방지하기 위해서 소음이 생기는 물건에 소리를 잘 흡수하는 물질을 넣거나, 소음이 생기는 장소에 방음벽을 설치하여 소리의 전달을 막기도 합니다. 소리의 세기를 줄이거나 소리가 잘 전달되지 않는 물질을 붙이거나, 소리를 반사해서 소음을 줄이는 것을 '방음'이라고 합니다. (㉡) 방음만으로 모든 소음을 해결할 수 없다고 합니다. ㉢<u>그러므로</u> 우리 모두 이웃에게 피해를 주지 않도록 소음을 줄이기 위해 노력하는 것이 필요합니다.

(1) ㉠에 들어갈 이어 주는 말로 알맞은 것은 무엇인가요? (   )

① 하지만   ② 그러나   ③ 그리고

④ 그래서   ⑤ 왜냐하면

(2) ㉡에 들어갈 알맞은 이어 주는 말을 쓰세요.

(   )

(3) ㉢을 사용하여 다음 두 문장을 알맞게 연결하세요.

> • 소희는 건강하게 될 것이다.
> • 소희는 의사 선생님의 말씀을 따랐다.

2 글의 내용을 근거로 답하기

글을 읽을 때에는 글의 내용을 파악하며 읽어야 합니다. 글의 내용을 파악할 때에는 글에 드러난 정보가 무엇인지 생각해야 합니다. 무엇에 대해 어떻게 말하고 있는지 확인하고, 글에 드러난 정보들이 어떻게 연결되어 있는지 살펴보아야 합니다. 그래야 글에 대한 질문을 받았을 때 글의 내용을 근거로 답할 수 있습니다.

★ **질문에 대해 글의 내용을 근거로 답하려면,**

(1) 질문에 나타난 내용에 대해 답하기 위해서는 어느 부분을 살펴보아야 하는지 확인해 봅니다.

(2) 질문에 정확하게 답하기 위해서는 어떤 정보를 찾아야 하는지 생각해 봅니다.

1 다음 글을 읽고, 다영이의 질문에 답하기 위해 도연이가 찾아야 하는 낱말은 무엇인지 빈칸에 쓰세요.

도마뱀붙이의 발바닥에는 '강모'라고 불리는 아주 작고 가는 털이 약 50만 개나 붙어 있어요. 도마뱀붙이의 강모는 약 120킬로그램의 무게를 지탱할 수 있는 힘을 가지고 있습니다.

미국의 발명가는 도마뱀붙이의 강모를 모방하여 접착제를 개발하였습니다. 그리고 미국에서 일하던 우리나라의 연구원은 이것을 로봇 발바닥에 적용하였습니다. 이것이 바로 '스틱키봇'이라는 로봇입니다. 스틱키봇은 '달라붙는 로봇'이라는 뜻이에요. 스틱키봇을 발명한 연구원은 '한번 달라붙으면 절대 떨어지지 않으면서 발걸음을 옮길 때에는 너무나 사뿐히 움직이는 도마뱀붙이의 발바닥'을 보고 로봇의 원리를 떠올렸다고 말했답니다.

'스틱키봇'을 만든 연구원은 도마뱀붙이의 무엇을 보고 로봇을 만들었을까?

다영

연구원은 도마뱀붙이의 발바닥에 있는 ☐☐를 로봇의 발바닥에 적용하였대.

도연

2 다음 글을 읽고 물음에 답하세요.

탄소 발자국은 우리가 살아가면서 이산화 탄소를 얼마나 발생시키는지를 계산하여 그것을 발자국으로 표시한 것입니다. 더 자세히 알아볼까요? 탄소 발자국은 무게 단위나 우리가 심어야 하는 나무 그루 수로 표시합니다. 예를 들어 감자칩 포장지의 탄소 발자국 마크에 '75g'이라고 표시되어 있다면, 감자 재배에서부터 감자칩 생산까지 제품당 75그램의 이산화 탄소가 배출되었다는 뜻입니다. 보통 ㉠한 사람이 한 달 동안 생활하면서 발생시키는 이산화 탄소의 총량은 대략 50킬로그램 정도입니다. 이 정도의 발자국을 지우기 위해서는 열 그루의 나무를 새로 심어야 한다고 합니다.

탄소 발자국 제도는 온실가스 발생을 줄이기 위해 도입한 제도입니다. 이 제도는 영국이나 프랑스 등 외국에서도 실시하고 있으며, 우리나라에서도 2009년부터 이를 도입하였습니다.

(1) 이 글에 나온 '탄소 발자국' 제도에 대한 설명으로 알맞은 것은 무엇인가요? (   )

① 사람들의 발자국 표시를 따라가면서 나무를 심은 것이다.

② 온실가스를 줄이기 위해 새로 심은 나무의 그루 수를 말한 것이다.

③ 영국이나 프랑스에서 발생하는 이산화 탄소의 양을 나타낸 것이다.

④ 감자 재배에서부터 감자칩 생산까지 필요한 노력을 계산한 것이다.

⑤ 사람들이 살면서 발생시키는 이산화 탄소를 발자국으로 표시한 것이다.

(2) 이 글에서 ㉠의 발자국을 지우기 위해 나무 몇 그루를 새로 심어야 한다고 말하였는지 쓰세요.

➡ ☐ 그루

(3) 이 글에서 '탄소 발자국' 제도를 도입한 나라를 모두 찾아 ✓표 하세요.

영국	프랑스	중국	대한민국
( )	( )	( )	( )

구름을 사랑한 화가

이 글의 중심 화제는 **구름**입니다. 구름과 관련된 **역사, 과학, 미술**을 공부해요.
구름에 이름이 생기게 된 배경을 이해하고, 구름을 그린 화가처럼 나만의 구름을 표현해 보세요.

하늘에 떠 있는 구름은 변신의 제왕입니다. 구름은 하늘 위에서 끊임없이 움직이고 변하며 모양과 위치를 바꿉니다. 그래서 금세 사라져 버릴 구름에 누구도 이름을 붙여 부르지 않았습니다. 하지만 어릴 때부터 날씨를 관찰하고 구름을 사랑했던 영국의 루크 하워드는 오랫동안 구름의 모양을 그리고 관찰했습니다. 그리고 서로 다르게 생긴 구름의 모양을 분류하고 이름까지 지어 주었습니다.

이후 하워드는 영국 런던의 한 강연회에서 구름을 일곱 가지로 분류한 방식을 공개했습니다. 그의 발표 내용에 당시 과학계는 물론 다양한 분야에서 놀라움을 느끼고 영향을 받게 되었습니다. 더 놀라운 점은 하워드의 원래 직업이 기상학자*가 아닌 약제사*라는 점입니다. 아버지의 뜻에 따라 약제사가 되었지만 자신이 좋아하는 일을 꾸준히 한 결과라고 생각하니 더 감동적으로 느껴집니다.

하워드와 같은 시기에 살았던 영국의 위대한 풍경 화가인 존 컨스터블도 그에게 큰 감동을 느꼈습니다. 하워드의 영향으로 컨스터블은 하늘을 열심히 관찰하게 되었고, 그 결과 대표작인 「건초 수레」가 탄생하게 되었습니다. 화가 자신의 고향을 배경으로 그린 이 그림 속의 하늘은 실제로 하늘을 보는 듯한 착각이 들 만큼 생생하게 그려져 있습니다.

▲ 「건초 수레」(1821)

▲ 「권운 연구」(1822)

구름과 사랑에 빠진 컨스터블은 구름 그림을 100점이 넘게 그렸습니다. 그뿐만 아니라 하워드처럼 구름의 모양과 색깔, 움직임을 기록한 날씨 일기도 썼습니다. 이렇게 구름을 사랑한 화가 컨스터블에게 비평가들은 '기상학에 대한 관심을 그림에 담은 최초의 화가'라는 찬사를 보냈습니다.

누구보다 구름을 사랑하게 된 특별한 두 사람이 탄생한 배경에는 사실 영국의 기후 환경도 큰 역할을 했습니다. ⊙영국은 흐린 날이 많고 비가 자주 내리는 나라이니 다양한 형태의 구름을 관찰하고 기록할 수 있는 날이 많았을 것입니다. 물론 더 중요한 것은 자신이 좋아하는 것에 대한 그들의 깊은 관심과 애정이었을 것입니다. 여러분도 좋아하는 것에 특별한 관심과 노력을 기울여 보면 분명 이전과는 다른 것들이 보이고 느껴질 것입니다.

* **기상학자**: 행성의 대기와 대기의 날씨 현상을 대상으로 하는 자연 과학을 전문적으로 연구하는 사람.
* **약제사**: 과거에 의사와 환자에게 의약품을 제조해 주던 의료인. 현재는 약사 및 한약사 등이 그 역할을 하고 있음.

---

1 이 글의 내용으로 알맞지 <u>않은</u> 것은 무엇인가요? (   )

① 하워드의 원래 직업은 약제사였다.
② 하워드와 컨스터블은 모두 영국 사람이다.
③ 구름은 이동하고 모양이 바뀌는 특징이 있다.
④ 하워드의 구름 분류 방식은 큰 반응을 얻지 못했다.
⑤ 영국은 일 년 내내 구름이 많고 비가 자주 오는 편이다.

2 영국의 기후는 ⊙과 같은 특징이 나타납니다. 이러한 기후에 적응하기 위해 평소에 어떤 모습으로 외출해야 할지 그림으로 표현해 보세요.

3 다음 구름 분류표를 참고하여 구름이 있는 풍경화를 그려 보세요.

상층운			수직 발달 구름
권적운 양털 모양의 작은 덩어리 구름	**권운** 줄무늬 모양의 구름	**권층운** 무리가 나타나는 얇은 층 모양의 구름	**적란운** 수직으로 발달해 탑 모양을 이루는 큰 구름
중층운			
고층운 층 모양의 엷은 흑색 구름		**고적운** 양 떼가 줄을 지은 모양의 구름	
하층운			**적운** 수직으로 두껍게 발달한 구름
층운 층 모양의 구름	**층적운** 두껍거나 편평한 덩어리 모양의 구름	**난층운** 두껍고 눈·비를 내리는 검은 회색 구름	

4 우리나라의 높은 하늘에는 편서풍이라고 불리는 서풍 계열의 바람이 붑니다. 그렇다면 우리나라 주변 구름은 주로 어떤 경로로 이동할까요? (   )

① 한국 → 중국 → 일본

② 한국 → 일본 → 중국

③ 일본 → 한국 → 중국

④ 일본 → 중국 → 한국

⑤ 중국 → 한국 → 일본

5 다음은 컨스터블이 쓴 날씨 일기 중 하나입니다. 오늘의 날씨 일기를 다양한 표현을 사용하여 써 보세요.

> 햄프스티드, 1821년 9월 11일 아침 10~11시
>
> 따뜻한 대지 위에 하늘에는 은회색 구름, 약한 남서풍, 온종일 맑음, 그러나 한때 비, 밤에는 순풍.

6 〈보기〉의 10분법 분류 기준에 따라 ㉮, ㉯의 구름양과 날씨를 써 보세요.

보기

구름이 하늘에 전혀 없을 때의 구름양을 0, 구름이 하늘을 완전히 덮고 있을 때의 구름양을 10으로 하고, 구름양의 정도에 따라 0~10의 11단계로 표시한다. 일반적으로 구름양이 0~2일 때에는 '맑음', 3~7일 때에는 '구름 다소', 8~10일 때에는 '흐림'이라고 한다.

기호	○	◐	◔	◑	◑	⊕	◕	◐	●	⊗
	맑음				구름 다소				흐림	
10분법	0	1	2~3	4	5	6	7~8	9	10	불명

㉮

㉯

구름양: _____

날씨: _____

구름양: _____

날씨: _____

4주차

무엇을 배울까요?

회차	글의 내용	핵심 개념	읽기 방법	학습 계획일
01회	**물속에서 나비가 개구리보다 빠르다고?** 저항력과 추진력을 중심으로 다양한 수영법을 설명하는 글입니다.	[체육] 도전	핵심어 찾기	월 일 (요일)
02회	**보물이 된 돌** 우리나라의 전통 타악기인 편경의 유래와 특성을 알려 주는 글입니다.	[음악] 타악	글의 내용을 근거로 답하기	월 일 (요일)
03회	 **단위로 세상을 통일하다!** 단위의 역사와 유래, 그리고 기능을 알려 주는 글입니다.	[수학] 측정	생략된 내용 짐작하기	월 일 (요일)
04회	**빛을 그린 화가** 인상파 화가 클로드 모네의 이야기를 소개하는 글입니다.	[미술] 관찰	인물에 대한 생각이나 느낌 말하기	월 일 (요일)
05회	**읽기 방법 익히기** 이 주에 공부한 중요 [읽기 방법]을 한눈에 정리하고 문제로 확인합니다. 1 핵심어 찾기 2 생략된 내용 짐작하기			월 일 (요일)

어느 수준일까요?

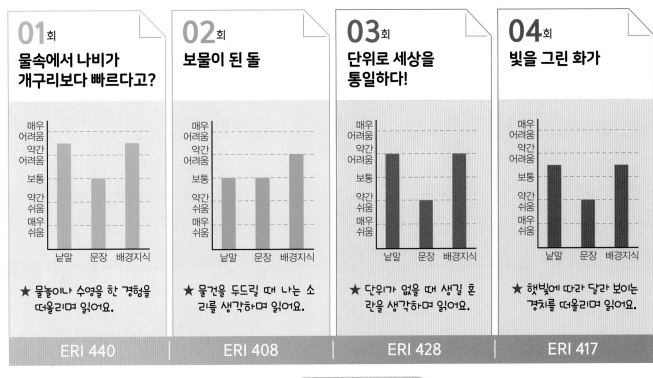

01회	02회	03회	04회
물속에서 나비가 개구리보다 빠르다고?	**보물이 된 돌**	**단위로 세상을 통일하다!**	**빛을 그린 화가**
★ 물놀이나 수영을 한 경험을 떠올리며 읽어요.	★ 물건을 두드릴 때 나는 소리를 생각하며 읽어요.	★ 단위가 없을 때 생길 혼란을 생각하며 읽어요.	★ 햇빛에 따라 달라 보이는 경치를 떠올리며 읽어요.
ERI 440	ERI 408	ERI 428	ERI 417

이 주의 ERI 지수

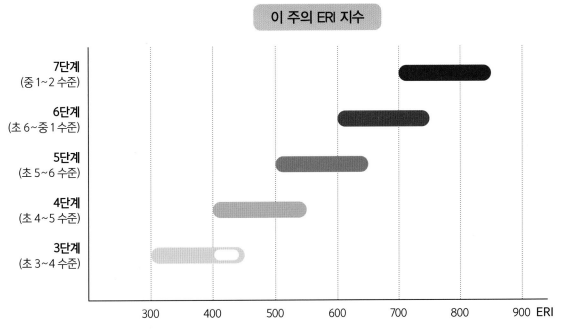

7단계 (중1~2 수준)
6단계 (초6~중1 수준)
5단계 (초5~6 수준)
4단계 (초4~5 수준)
3단계 (초3~4 수준)

300 400 500 600 700 800 900 ERI

01회

물속에서 나비가 개구리보다 빠르다고?

☑ 핵심 개념인 '도전'과 관련된 말들을 알아 둡시다.

→ 도전자 / 도전적 / 도전 정신

 도전이란 어렵고 이루기 힘든 일에 용감하게 뛰어 드는 것을 말해요.

☑ 글을 읽고 이것만은 꼭 찾아냅시다.

→ 물에서 빠른 속도로 헤엄을 치려면 어떻게 해 야 할까요?

☑ 글의 핵심어를 찾아봅시다.

→ 글에서 반복되는 낱말이 무엇인지, 글의 전체 내용이 무엇을 설명하고 있는지 찾아봅니다.

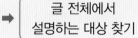

글에서 반복되는 낱말 찾기	→	글 전체에서 설명하는 대상 찾기

핵심어는 글에서 가장 중요하고 중심이 되는 낱말 을 뜻해요.

1 핵심 개념 미리 보기

빈칸에 공통으로 들어갈 낱말을 〈보기〉에서 찾아 쓰세요.

─── 보기 ───

경쟁　　　도전　　　승리　　　저항

최고 기록에 □□하다.

실패는 새로운 □□의
계기가 된다.

2 읽기 방법 미리 보기

다음 글에서 같거나 비슷한 뜻을 가지면서 반복되는 낱말에 ○표 하세요.

　　사람들은 다양한 수영법을 만들었어요. 기본적인 수영법에는 배영, 평영, 접영이 있어요. 먼저 배영은 물 위에 누운 상태에서 움직여요. 팔을 돌려서 앞으로 나아가는 힘을 얻지요. 평영과 접영은 각각 개구리와 나비의 움직임을 닮은 수영법이에요. 평영은 개구리처럼 양팔과 두 발을 오므렸다가 펴면서 앞으로 나아가요. 접영은 나비처럼 두 팔을 앞으로 뻗어 물을 끌어내려요. 그리고 양다리를 모아 위아래로 움직이며 앞으로 나아가지요.

정답 **1.** 도전　**2.** 수영법, 배영, 평영, 접영

1 물속에서 이동하면 속도가 땅에서보다 훨씬 느려요. 몸이 물속에서 움직일 때, 물의 흐름 때문에 방해를 받기 때문이에요. 그래도 사람들은 물속에서 빠르게 이동하려는 노력을 멈추지 않았어요. 물속에서도 빠르게 이동할 수 있다면 사람이 할 수 있는 일이 더 많아지기 때문이에요. 그래서 사람들은 다양한 수영법을 개발하기 시작했어요. 물의 저항력에 도전하기 위해서지요.

2 처음에 사람들은 물고기를 관찰했어요. 물고기가 물속에서 빠르게 헤엄치기 때문이지요. 물고기는 몸의 모양과 꼬리에서 나오는 힘 덕분에 빠르게 헤엄칠 수 있어요. 물고기의 몸은 물과 평평하게 놓여요. 그래서 물의 흐름에 방해를 적게 받아요. 또 물고기는 머리 부분이 둥글고 꼬리 쪽으로 갈수록 뾰족하죠? 이러한 몸의 모양은 물이 몸 주위를 자연스럽게 흐르도록 만들어요. 저항력이 줄어드는 것이지요. 또 빠르게 헤엄치기 위해서는 몸을 앞으로 나아가게 하는 큰 힘이 필요해요. ㉠이 힘을 추진력이라고 해요. 물고기는 꼬리를 좌우로 또는 위아래로 흔들어 앞으로 나아가요.

3 사람들은 이것을 참고해서 다양한 수영법을 만들었어요. 기본적인 수영법에는 배영, 평영, 접영이 있어요. 먼저 배영은 물 위에 누운 상태에서 움직여요. 팔을 돌려서 앞으로 나아가는 힘을 얻지요. 평영과 접영은 각각 개구리와 나비의 움직임을 닮은 수영법이에요. 평영은 개구리처럼 양팔과 두 발을 오므렸다가 펴면서 앞으로 나아가요. 접영은 나비처럼 두 팔을 앞으로 뻗어 물을 끌어내려요. 그리고 양다리를 모아 위아래로 움직이며 앞으로 나아가지요.

▲ 배영　　　　　　　　▲ 평영　　　　　　　　▲ 접영

4 속도는 접영, 배영, 평영 순으로 빨라요. 평영이 가장 느린 이유는 숨을 쉴 때 머리를 물 밖으로 내놓기 때문이에요. 이때 몸이 ㄱ자 모양에 가까워져 물의 방해를 많이 받게 돼요. 또한 평영은 주로 다리를 통해서만 나아가는 힘을 얻어요. 그래서 속도가 느려요. 반면에, 다른 수영법들은 팔과 다리를 모두 써서 나아가는 힘을 얻지요. 사람들은 이렇게 다양한 수영법을 개발해 물의 저항력에 도전해 왔답니다.

핵심어 찾기

1. 이 글은 무엇에 대해 설명하는 글인가요? (   )

① 나비   ② 수영법   ③ 물고기
④ 저항력   ⑤ 추진력

글의 내용을 근거로 답하기

2. 물고기가 빠른 속도로 헤엄칠 수 있는 까닭을 알맞게 말한 친구를 모두 골라 ∨표 하세요.

(1) 찬영: 물속에서 움직일 때 물의 흐름에 방해를 받지 않기 때문이야.   (   )

(2) 도연: 꼬리를 통해 앞으로 나아갈 수 있는 힘을 얻을 수 있기 때문이야.   (   )

(3) 지혜: 머리가 둥글고 꼬리 쪽으로 갈수록 뾰족해지는 몸의 모양 때문이야.   (   )

주요 개념 파악하기

3. 다음 수영법에 해당하는 설명을 찾아 선으로 이으세요.

(1) 배영 •	• ㉮	물 위에 누운 상태에서 팔을 돌려서 앞으로 나아가는 수영법
(2) 평영 •	• ㉯	두 팔을 앞으로 뻗어 물을 끌어내리고, 양다리를 모아 위아래로 움직이며 앞으로 나아가는 수영법
(3) 접영 •	• ㉰	양팔과 두 발을 오므렸다가 펴면서 앞으로 나아가는 수영법

4. ㉠이 가리키는 것은 무엇인지 쓰세요.

_____

5. ①~④문단의 중심 내용을 바르게 정리하지 <u>못한</u> 것에 √표 하세요.

문단	중심 내용	
①	사람들은 물속에서 빠르게 이동하기 위해 다양한 수영법을 개발하기 시작하였다.	( )
②	물고기는 몸의 모양과 꼬리에서 나오는 힘 덕분에 빠르게 헤엄칠 수 있다.	( )
③	배영, 평영, 접영은 모두 동물의 움직임을 닮은 수영법이다.	( )
④	세 가지 수영법은 접영, 배영, 평영 순으로 속도가 빠르다.	( )

6. 이 글을 읽고 물속에서 나비가 개구리보다 빠른 이유를 다음과 같이 설명할 때, (   ) 안에서 알맞은 말을 골라 ○표 하세요.

물속에서 나비가 개구리보다 빠른 이유

개구리의 움직임을 닮은 수영법인 (평영, 접영)은 몸이 ㄱ자 모양이어서 물의 방해를 (적게, 많이) 받고, 주로 다리를 통해서만 추진력을 얻어. 반면에 나비의 움직임을 닮은 수영법인 (평영, 접영)은 팔과 다리를 통해 얻는 추진력이 (작아서, 커서) 빠르게 이동할 수 있어. 그래서 물속에서 나비가 개구리보다 빠르다고 한 거야.

어휘 익히기

1 낱말 뜻 알기

다음 빈칸에 알맞은 낱말을 〈보기〉에서 찾아 쓰세요.

┌─────────────────────── • 보기 • ───────────────────────┐
│   개발   저항력   추진력   참고   │
└──┘

1. 자동차가 앞으로 나아가려면 (　　　　　)이/가 좋은 엔진을 가져야 한다.
   뜻 물체를 밀어 앞으로 나아가게 하는 힘.

2. 바람이 세게 불면 이동하는 물체의 (　　　　　)이/가 커져서 이동하기 힘들다.
   뜻 몸이나 물체가 움직이는 것을 방해하는 힘.

3. 미래 사회의 발전을 위해서는 새로운 삶의 방식을 (　　　　　)하는 것이 중요하다.
   뜻 새로운 것을 연구해서 처음 만들어 내는 것.

4. 문제의 해결책을 찾기 위해서는 선생님께서 보여 주신 예시를 (　　　　　)해야 한다.
   뜻 일이나 공부에 도움이 될 만한 말, 글, 책, 물건 등을 살펴보는 것.

2 관용 표현 알기

다음 빈칸에 알맞은 사자성어를 쓰세요.

" ☐ ☐ ☐ ☐ "

물고기와 동일한 몸의 모양을 갖추고, 강한 추진력을 얻을 수 있는 방법까지 만들어 낸다면 더할 나위 없이 좋겠죠? 이 사자성어는 비단 위에 꽃을 더한다는 뜻으로, 좋은 일 위에 또 좋은 일이 더하여짐을 이르는 말이에요.

한자	뜻	음
錦	비단	
上	위	
添	더할	
花	꽃	

3 한자어 익히기

다음 한자어를 소리 내어 읽고 빈칸에 따라 써 보세요.

方	法
모 **방**	법도 **법**

방법(方法): 어떤 목적을 이루기 위해 무엇을 하는 방식.

· 사용 방법을 알다.
· 무슨 좋은 방법이 없을까?
· 문제를 해결할 수 있는 새로운 방법을 알아보자.

方	法
모 방	법도 법

☑ 핵심 개념인 '타악'과 관련된 말들을 알아 둡시다.

→ 타악기 / 타악 연주

 타악은 두드리거나 쳐서 소리를 내는 악기인 타악기로 연주하는 음악을 뜻해요.

☑ 글을 읽고 이것만은 꼭 찾아냅시다.

→ 편경은 어떤 특성을 가진 악기인가요?

☑ 질문에 대해 글의 내용을 근거로 답해 봅시다.

→ 글에 대한 질문에는 글의 내용을 구체적으로 제시하며 답해야 합니다.

글에서 질문과 관련된 내용을 다룬 부분 찾기	→	글의 내용을 구체적으로 제시하며 질문의 답 만들기

 글에 대한 질문에 답할 때에는 답의 근거를 글 안에서 찾아야 해요.

1 핵심 개념 미리 보기

다양한 타악기에 대한 설명을 읽고 '타'의 의미를 짐작해 보세요.

 큰북은 북채로 막을 쳐서 소리를 내는 악기예요.

 징은 끈에 매단 큰 그릇 모양의 쇠를 채로 두드려서 소리를 내는 악기예요.

 실로폰은 단단한 나무 막대를 채로 두드려서 소리를 내는 악기예요.

 장구는 양쪽의 가죽을 둥근 채와 납작한 채로 쳐서 소리를 내는 악기예요.

 아하! 타악기의 '타'는 (   ) 소리를 낸다는 의미이구나!

2 읽기 방법 미리 보기

다음 글에서 답의 근거를 찾을 수 <u>없는</u> 질문에 √표 하세요.

편경은 고려 시대부터 사용된 우리나라의 전통 악기예요. '경석'이라는 돌로 만들어요. 이 돌은 흔하지 않아서 우리나라에서는 구하기가 어려웠어요. 그래서 옛날에는 편경을 중국에서 가져올 수밖에 없었어요. 그러다가 조선 세종 대왕 때에 우리나라에서 경석이 발견되었어요. 이때부터 편경을 직접 만들 수 있게 되었지요.

(1) 편경은 어떤 재료로 만드나요? ( )
(2) 편경은 언제부터 우리나라에서 사용되었나요? ( )
(3) 중국 편경과 우리나라 편경의 차이점은 무엇인가요? ( )

정답 1. 두드리거나 쳐서 2. (3)

편경은 고려 시대부터 사용된 우리나라의 전통 악기예요. '경석'이라는 돌로 만들어요. 이 돌은 흔하지 않아서 우리나라에서는 구하기가 어려웠어요. 그래서 옛날에는 편경을 중국에서 가져올 수밖에 없었어요. 그러다가 조선 세종 대왕 때에 우리나라에서 경석이 발견되었어요. 이때부터 편경을 직접 만들 수 있게 되었지요. 우리나라의 편경은 중국의 것보다 소리가 더 아름답고 정확했다고 해요.

▲ ㄱ자 모양의 경석

㉠편경은 먼저 돌을 갈아 ㄱ자 모양으로 만들어요. 이 돌을 두 줄로 된 나무틀에 8개씩 매달아요. 그리고 단단한 채로 두드려 소리를 내지요. ㄱ자는 하늘이 굽어 땅을 덮는 모양과 비슷하죠? 이것은 '좋은 왕은 항상 백성을 아끼고 생각한다.'라는 뜻을 반영한 거예요.

편경은 두께에 따라 다양한 소리를 내요. 돌은 두께에 따라 음의 높이가 달라지거든요. 돌이 두꺼우면 높은 소리가 나요. 얇으면 낮은 소리가 나고요. 그래서 돌을 갈거나 깎으면 음의 높이를 바꿀 수 있어요.

편경의 소리는 온도의 영향을 거의 받지 않아요. (㉡) 연주할 때마다 조율하지 않아도 되지요. 이렇게 편경은 소리를 항상 일정하게 유지할 수 있어요. 그래서 편경의 소리를 기준으로 다른 악기의 소리를 맞추곤 했어요. 조선 시대 사람들은 전쟁이 나면 편경을 꼭 우물에 숨겨 놓았대요. 다른 악기들이 부서지면 다시 만들면 돼요. 그러나 편경은 악기 소리의 기준이 되기 때문에 부서지면 큰일이 나기 때문이지요. 편경이 보물처럼 귀하게 다루어졌던 까닭을 알겠지요?

내용 파악하기

1. '편경'에 대한 설명으로 알맞지 <u>않은</u> 것은 무엇인가요? (   )

① 편경의 주된 재료는 돌이다.

② 편경은 우리나라의 전통 악기이다.

③ 편경의 소리는 날씨의 영향을 받아 변한다.

④ 우리나라에서 편경을 직접 만든 때는 조선 시대이다.

⑤ 편경의 ㄱ자 모양은 좋은 왕의 태도를 반영한 것이다.

그림으로 표현하기

2. ㉠의 내용을 바탕으로 '편경'을 골라 √표 하세요.

(1)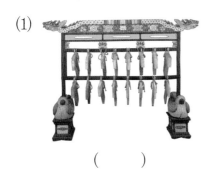

(   )

(2)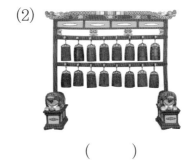

(   )

(3)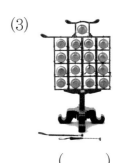

(   )

이어 주는 말 파악하기

3. ㉡에 들어갈 이어 주는 말로 알맞은 것은 무엇인가요? (   )

① 그리고   ② 그러나   ③ 그래서

④ 그런데   ⑤ 왜냐하면

4. 다음에서 하늘과 땅이 의미하는 것을 찾아 빈칸에 쓰세요.

> 편경은 먼저 돌을 갈아 ㄱ자 모양으로 만들어요. 이 돌을 두 줄로 된 나무틀에 8개씩 매달아요. 그리고 단단한 채로 두드려 소리를 내지요. ㄱ자는 하늘이 굽어 땅을 덮는 모양과 비슷하죠? 이것은 '좋은 왕은 항상 백성을 아끼고 생각한다.'라는 뜻을 반영한 거예요.

➡ 하늘은 ☐☐☐을, 땅은 ☐☐을 의미한다.

5. 편경이 보물처럼 귀하게 여겨졌던 까닭을 다음과 같이 정리할 때, 빈칸에 알맞은 말을 쓰세요.

> ### 편경이 보물처럼 귀하게 여겨졌던 까닭
>
> 첫째, 편경의 ☐☐를 구하기 어렵기 때문이다.
> 둘째, 편경은 악기 소리의 ☐☐이 되기 때문이다.

6. 다음은 이 글을 읽고 친구들이 나눈 대화입니다. ( ) 안에서 알맞은 말을 골라 ○표 하세요.

편경의 음을 낮은 소리로 맞추려면 돌의 두께를 어떻게 해야 할까?

돌을 (갈아서, 쌓아서) 두께를 (두껍게, 얇게) 만들어야 해.

어휘 익히기

1 낱말 뜻 알기

다음 빈칸에 알맞은 낱말을 〈보기〉에서 찾아 쓰세요.

> • 보기 •
>
> 굽어   반영   조율   일정

1. 고개가 꼬불꼬불 (   ) 있다.
   😊 한쪽으로 휘어.

2. 공부 시간이 (   )하지 않아 부모님이 걱정하신다.
   😊 분명하게 정한 것. 또는 변함없이 한결같은 것.

3. 피아노 (   )은/는 6개월에 한 번씩 하는 것이 좋다.
   😊 악기 소리를 기준이 되는 소리에 가깝게 맞추는 것.

4. 이번 반장 선거는 우리 반 학생들의 생각이 제대로 (   )되었다.
   😊 어떤 사실이나 내용을 다른 것에 그대로 나타내는 것.

2 관용 표현 알기

다음 빈칸에 알맞은 말을 쓰세요.

> "□이야 □이야"
>
> 조선 시대 사람들은 편경을 보물처럼 귀하게 여겨 전쟁이 났을 때 우물에 숨겨 놓고 피난을 갔다고 해요. 이 속담은 무엇을 다루는 데 매우 아끼고 중요하게 여겨, 금이나 옥과 같은 보석처럼 귀중하게 여기는 모양을 나타내는 말이에요.

3 한자어 익히기

다음 한자어를 소리 내어 읽고 빈칸에 따라 써 보세요.

百	姓
일백 **백**	성씨 **성**

백성(百姓): 평범한 일반 국민을 가리키는 옛날 말.
- 백성을 다스리다.
- 어진 임금은 백성을 사랑한다.
- 백성을 멀리하면 나라가 망한다.

百	姓						
일백 백	성씨 성						

03회 단위로 세상을 통일하다!

☑ 핵심 개념인 '측정'과 관련된 말들을 알아 둡시다.

→ 측정기 / 측정 도구 / 측정 검사

측정은 길이, 높이, 무게 등을 재어서 수로 나타내는 것을 뜻해요.

☑ 글을 읽고 이것만은 꼭 찾아냅시다.

→ 단위의 쓰임은 무엇인가요?

☑ 생략된 내용을 짐작하며 글을 읽어 봅시다.

→ 글의 전체 내용을 파악한 후, 앞뒤 상황을 살펴서 생략된 내용을 짐작해 봅니다.

| 글의 전체 내용 파악하기 | → | 앞뒤를 살펴서 생략된 내용 짐작하기 |

짐작이란 사정이나 형편 같은 것을 어림잡아 헤아리는 것을 말해요.

1 **핵심 개념** 미리 보기

빈칸에 공통으로 들어갈 낱말을 〈보기〉에서 찾아 쓰세요.

● 보기 ●

달다　　　보다　　　세다　　　재다

저울로 무게를
☐☐.

자로 물건의
길이를 ☐☐.

온도계로 체온을
☐☐.

삼각자로 각도를
☐☐.

2 **읽기 방법** 미리 보기

빈칸에 들어갈 내용으로 알맞지 <u>않은</u> 것에 √표 하세요.

나는 친구 도진이와 함께 독서실에서 국어 공부를 하기로 약속했다.

⬇

(　　　　　　　　　　　　　　　　　　　　　　)

⬇

국어 성적이 많이 올라서 선생님께 칭찬을 받았다.

(1) 학교에서 국어 시험을 봤다.　　　　　　　　　　　　　　(　　　)
(2) 도진이와 함께 열심히 국어 공부를 했다.　　　　　　　　(　　　)
(3) 도진이와 나는 국어 성적이 낮아 평소 고민이 많았다.　　(　　　)

정답 **1.** 재다　**2.** (3)

우리의 일상생활은 '초'와 '분', '센티미터(cm)'와 '미터(m)', '그램(g)'과 '킬로그램(kg)' 등 다양한 단위로 가득해요. 이러한 단위는 언제, 왜 만들어졌을까요? 단위는 ㉠물물 교환 때문에 만들어졌어요. 사람들은 물물 교환을 하면서 물건의 길이나 무게를 정확하게 재고 싶어 했어요. 그래야 거래에서 손해를 안 보기 때문이지요. 이때부터 사람들은 저울이나 자처럼 물건을 재는 도구를 통일하려 했어요. 도구를 통일하려면 기준이 있어야겠죠? 이 기준을 만들면서 탄생한 것이 단위예요.

단위는 이집트에서 처음 만들어졌어요. 이 단위의 이름은 '큐빗(cubit)'이에요. 큐빗은 팔꿈치에서부터 세 번째 손가락까지의 길이를 뜻해요. 1큐빗은 약 45.8cm라고 해요. 이집트의 피라미드는 큐빗 ㉡덕분에 만들어질 수 있었어요. 피라미드를 만들기 위해서는 재료가 되는 돌을 똑같은 크기로 만들어야 했어요. 돌의 높이나 길이가 다르면 어떤 일이 생길까요? 높이 쌓거나 이어 붙일 때 빈틈이 생겨 무너질 수 있어요. 실제로 피라미드 밑면의 네 변 길이는 20cm밖에 차이 나지 않는다고 해요. 돌들의 크기가 비슷하기 때문이지요. ㉢이것이 어떻게 가능했을까요? 단위를 사용해서 돌의 길이를 정확하게 쟀기 때문이에요.

▲ 이집트의 피라미드

다른 나라도 자신들만의 단위를 만들기 시작했어요. 그런데 나라 간 교류가 많아지자 단위가 문제가 됐어요. 서로 다른 단위를 통일해야 할 필요가 생긴 거지요. 그래서 프랑스에서는 '미터법'을 만들었어요. 미터법은 'm', 'kg'을 단위로 사용해요. 현재 많은 나라에서 미터법을 사용하고 있어요. 우리나라에서도 1960년대부터 미터법을 사용하기로 했고요. 이렇게 해서 여러 나라가 동일하게 물건을 잴 수 있게 되었답니다.

세부 내용 추론하기

1. ㉠에 대한 설명으로 알맞으면 ○표, 알맞지 않으면 ✕표 하세요.

(1) 돈을 사용하지 않는 거래이다. ( )

(2) 서로 다른 물건을 맞바꾸기도 했다. ( )

(3) '단위'가 만들어진 후 이루어지기 시작했다. ( )

세부 내용 파악하기

2. '단위'가 만들어진 까닭으로 가장 알맞은 것은 무엇인가요? ( )

① 거래에서 돈을 벌기 위해서

② 필요한 도구를 만들기 위해서

③ 이집트의 피라미드를 만들기 위해서

④ 물건의 길이나 무게를 정확하게 재기 위해서

⑤ 나라 간 교류가 활발하게 이루어질 수 있도록 하기 위해서

낱말 뜻 짐작하기

3. ㉡과 '탓'의 쓰임을 비교해 보고, ( ) 안에서 알맞은 낱말을 골라 ○표 하세요.

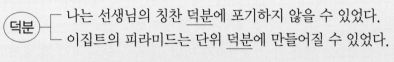

덕분 ┌ 나는 선생님의 칭찬 덕분에 포기하지 않을 수 있었다.
     └ 이집트의 피라미드는 단위 덕분에 만들어질 수 있었다.

탓 ┌ 날씨 탓에 소풍이 취소되었다.
   └ 나는 성격이 급한 탓에 실수를 자주 하는 편이다.

⬇

'덕분'은 남에게서 받은 도움이나 은혜를 뜻하는 말로, (긍정적, 부정적)인 내용의 문장에서 쓰이고, '탓'은 어떤 일이 잘못된 까닭을 뜻하는 말로, (긍정적, 부정적)인 내용의 문장에서 쓰인다.

4. ⓒ이 의미하는 내용은 무엇인가요? (   )

① 이집트에서 처음 단위가 만들어진 것
② 이집트에서 피라미드라는 거대한 건축물을 만든 것
③ 이집트 사람들이 큐빗을 활용하여 피라미드를 만든 것
④ 몇백 년에 걸쳐 거대한 규모인 피라미드의 크기를 잰 것
⑤ 피라미드 밑면의 네 변 길이가 20cm밖에 차이 나지 않는 것

5. 이 글의 내용을 바탕으로 빈칸을 채워 '단위'의 의미를 정리해 보세요.

단위란 물건의 길이나 무게 등을 재는 도구들을 ☐☐시킬 수 있는 ☐☐을 뜻한다.

6. 〈보기〉를 참고하여 사람들이 단위를 통일해야겠다고 생각한 이유를 짐작하여 쓰세요.

보기

교통수단의 발달로 1870년대 프랑스 시장은 독일 상인, 영국 상인 등 여러 나라의 상인들로 북적거렸습니다. 프랑스 상인들에게는 독일 상인보다 영국 상인이 더 인기가 많았습니다. 프랑스 상인들은 다른 나라 상인들과 비단 한 필을 주고 고기 한 덩어리를 받는 물물 교환을 주로 하였는데, 독일의 고기 한 덩어리보다 영국의 고기 한 덩어리의 무게가 훨씬 더 무거웠기 때문입니다. 영국 상인들이 워낙 인기가 좋았기 때문에, 시장에 늦게 도착하면 영국 상인들과 거래할 수 있는 기회를 다른 상인들에게 빼앗길 수밖에 없었습니다. 시장에 늦게 도착해서 독일 상인과 물물 교환을 하게 된 프랑스 상인들은 "독일이랑 물물 교환을 해서 손해를 봤어. 내일은 더 일찍 시장에 나와야지!"라고 말하곤 했답니다.

어휘 익히기

1 낱말 뜻 알기

다음 빈칸에 알맞은 낱말을 〈보기〉에서 찾아 쓰세요.

• 보기 •

거래   통일   탄생   교류

1. 남북한 (   )이/가 확대되고 있다.
   뜻 다른 곳에 사는 사람들이 서로 만나거나 연락하면서 물건이나 의견을 주고받는 것.

2. 여러 친구의 생각을 (   )하는 것은 어려운 일이다.
   뜻 서로 다른 것을 같게 맞추는 것.

3. 새로운 문명이 (   )하면서 사람들의 삶이 빠르게 바뀌었다.
   뜻 조직, 제도, 사업체 등이 새로 생김.

4. 새것 같은 최신형 스마트폰이 중고 시장에서 반값에 (   )되고 있다.
   뜻 이익을 얻으려고 물건을 사고팔거나 돈을 빌리고 빌려주는 것.

2 관용 표현 알기

다음 빈칸에 알맞은 말을 쓰세요.

"☐를 내두르다"

이집트 피라미드의 네 변은 자로 재서 만든 것처럼 딱 맞는다고 해요. 실제로 밑면의 네 변 길이가 20cm밖에 차이 나지 않는다고 하니 정말 놀랍지요? 이 관용어는 몹시 놀라거나 어이없어서 말을 못 할 정도를 나타낼 때 쓰는 말이에요.

3 한자어 익히기

다음 한자어를 소리 내어 읽고 빈칸에 따라 써 보세요.

同	一
같을 **동**	하나 **일**

동일(同一): 어떤 것과 서로 다르지 않고 똑같음.
• 동일한 상품.
• 내 생각도 너의 생각과 거의 동일해.
• 이것과 저것은 서로 다르지 않고 동일하다.

同	一						
같을 동	하나 일						

04회 빛을 그린 화가

☑ 핵심 개념인 '관찰'과 관련된 말들을 알아 둡시다.

→ 관찰력 / 관찰 태도 / 대상 관찰

 관찰은 어떤 것을 마음에 두고 자세하게 살펴보는 것을 뜻해요.

☑ 글을 읽고 이것만은 꼭 찾아냅시다.

→ 모네는 빛을 어떻게 그렸나요?

☑ 글을 읽고 인물에 대해 자신이 생각하거나 느낀 점을 말해 봅시다.

→ 글 속 인물의 성격이나 행동을 보고 떠올린 자신의 생각이나 느낌을 정리해 봅니다.

글 속 인물의 성격이나 행동에 주목하기	→	인물의 성격, 행동에 대한 자신의 생각이나 느낌 구체화하기

 글 속 인물에 대한 자신의 생각이나 느낌을 떠올리면 글을 깊이 있게 읽을 수 있어요.

1 핵심 개념 미리 보기

빈칸에 공통으로 들어갈 낱말을 〈보기〉에서 찾아 쓰세요.

보기

관찰　　　생각　　　이해

훌륭한 화가가 되려면 주변을 꼼꼼하게 [　][　]해야 한다.

현미경을 사용하면 눈에 보이지 않는 작은 물질도 [　][　]할 수 있다.

2 읽기 방법 미리 보기

다음 글을 읽고 난 후의 생각이나 느낌이라고 할 수 있는 것에 √표 하세요.

> 모네는 추울 때나 더울 때나 항상 야외로 나갔어요. 그리고 똑같은 사물을 여러 번 그렸어요. 빛에 따라 사물의 느낌이 계속 달라졌기 때문이에요. 모네는 30년 동안 연못에 핀 수련 그림만 250여 점을 그렸어요. 수련에 비친 빛을 그리기 위해서였지요.

(1) 모네는 그림을 그릴 때 야외로 나갔구나. 　　　　　　　　　　　　　(　)

(2) 모네는 빛을 그리기 위해 수련 그림을 여러 번 그렸구나. 　　　　　　(　)

(3) 모네는 그림을 그릴 때에 사물을 관찰하는 것을 중요하게 생각했구나. 　(　)

정답 1. 관찰　2. (3)

여러분은 그림 그리기에서 무엇이 가장 중요하다고 생각하나요? 모네는 그림 그리기에서 '관찰'을 중요하게 생각했어요. 그래서 그리는 시간보다 관찰하는 시간이 더 오래 걸리곤 했대요. 어떤 사물을 그림으로 표현하려면 많이, 오래 봐야 하니까요. 모네는 빛을 그리고 싶어 했어요. 그런데 빛은 모양이나 색깔이 없죠? 그래서 모네는 사물에 비친 빛을 관찰하기 시작했어요. 빛에 따라 달라지는 사물의 순간적 느낌을 통해 빛을 그리려 한 거예요. (㉠) 모네는 추울 때나 더울 때나 항상 야외로 나갔어요. 그리고 똑같은 사물을 여러 번 그렸어요. 빛에 따라 사물의 느낌이 계속 달라졌기 때문이에요. 모네는 30년 동안 연못에 핀 수련[*] 그림만 250여 점[*]을 그렸어요. 수련에 비친 빛을 그리기 위해서였지요.

▲ 「수련」(1906)

▲ 「수련 – 나무의 반영」(1919)

옛날 사람들은 사물을 사진처럼 똑같이 그리는 것을 중요하게 생각했어요. 그래서 똑같은 사물을 계속 다르게 그리는 모네의 그림을 나쁘게 평가했어요. 대충 그린 거라고 생각한 거예요. (㉡) 모네는 사물을 보이는 그대로 그리기 위해 노력한 화가였어요. 빛 때문에 순간적으로 달라지는 사물의 모습을 보이는 그대로 그리려 했으니까요.

시간이 흐를수록 모네의 그림은 달라졌어요. 처음 그린 수련 그림들은 모양과 색깔이 뚜렷했어요. 그러나 점점 흐릿하게 변해 갔어요. 수련과 연못이 구분되지 않을 정도로요. 사람들은 그 까닭을 모네의 눈이 안 좋아졌기 때문이라고 말해요. 눈이 안 좋으면 형체가 분명하지 않고 색깔도 흐릿하게 보이니까요. 모네는 눈이 나빠진 후에도 그림을 계속 그렸어요. 그래서 그림이 예전과 달라진 거예요. 여러분은 모네의 그림을 어떻게 생각하나요?

* **수련**: 연못에 피는 꽃 또는 물풀의 한 종류.
* **점**: 그림이나 옷을 세는 단위.

세부 내용 파악하기

1. 모네가 그림 그리기에서 가장 중요하게 생각한 것은 무엇인가요? (   )

① 사물과 친해지는 것

② 야외 풍경을 그리는 것

③ 사물을 화려하게 표현하는 것

④ 오랜 시간 동안 사물을 관찰하는 것

⑤ 좋은 빛을 낼 수 있는 물감을 사용하는 것

세부 내용 파악하기

2. 모네가 똑같은 수련을 여러 번 그린 까닭은 무엇인가요? (   )

① 수련의 다양한 색깔을 그림으로 표현하기 위해

② 더 많은 사람에게 수련의 아름다움을 알리기 위해

③ 시간의 흐름에 따라 수련이 자라는 모습을 그리기 위해

④ 실제 수련의 모습을 똑같이 재현한 그림을 완성하기 위해

⑤ 빛에 따라 달라지는 수련의 순간적 느낌을 통해 빛을 그리기 위해

글의 내용을 근거로 답하기

3. 옛날 사람들은 왜 모네의 그림을 나쁘게 평가했나요? (   )

① 모네가 그림을 너무 오랫동안 그려서

② 모네의 그림이 지나치게 화려해 보여서

③ 모네의 그림이 대충 그린 것처럼 보여서

④ 모네가 다양한 색깔을 사용하여 그림을 그려서

⑤ 모네의 그림이 사진처럼 사물의 모습과 똑같아서

이어 주는 말 파악하기

4. ㉠, ㉡에 들어갈 알맞은 말을 〈보기〉에서 찾아 쓰세요.

보기

그러나   그래서   왜냐하면

• ㉠: (   )   • ㉡: (   )

세부 내용 추론하기

5. 이 글의 내용을 바탕으로 빈칸을 채워 모네의 수련 그림이 달라진 이유를 정리해 보세요.

모네는 빛에 따라 순간적으로 달라지는 사물의 모습을 보이는 그대로 그리려고 했다. 그런데 시간이 흐를수록 모네의 수련 그림들이 점점 흐릿해졌다. 모네가 나이가 들면서 (   ) 때문이다. 그래서 점점 수련의 형체가 분명하지 않고 색깔도 (   ) 그리게 된 것이다.

인물에 대한 생각이나 느낌 말하기

6. 다음은 모네가 '루앙 대성당' 그림을 수십 장 그리고 나서 부인 알리스에게 보낸 편지입니다. 여러분이 알리스라면 모네에게 어떤 답장을 보낼지 써 보세요.

▲ 「아침의 루앙 대성당」   ▲ 「낮 12시의 루앙 대성당」   ▲ 「흐린 날의 루앙 대성당」

얼마나 힘든 작업인지…… 밤새 악몽만 꾼 적도 있소.

대성당이 내 위로 무너져 내렸는데, 아 그게 파란색으로, 분홍색으로, 혹은 노랗게도 보이지 뭐요.

– 1892년 4월 3일, 모네가 부인 알리스에게 보낸 편지 중에서

모네에게

어휘 익히기

1 낱말 뜻 알기

다음 빈칸에 알맞은 낱말을 〈보기〉에서 찾아 쓰세요.

> • 보기 •
>
> 순간적   야외   평가   형체

1. 날씨가 좋아서 선생님께서 (   ) 수업을 허락해 주셨다.
   - 뜻 집 밖이나 건물의 바깥. 지붕이나 벽으로 둘러싸여 있지 않은 곳.

2. 책을 읽다가 (   )(으)로 무언가 잘못되었음을 깨달았다.
   - 뜻 아주 짧은 동안에 일어난. 또는 그런 것.

3. 사물의 가치를 (   )할 때에는 여러 기준을 생각해야 한다.
   - 뜻 값어치나 수준 같은 것을 헤아리는 것.

4. 여름에 아이스크림을 밖에 꺼내 놓으면 금세 (   )도 없이 녹아 버린다.
   - 뜻 겉으로 보이는 생김새. 또는 바탕이 되는 몸체.

2 관용 표현 알기

다음 빈칸에 알맞은 말을 쓰세요.

> ### "한 □□ 파다"
>
> 모네는 숨을 거두기 전까지 약 30년 동안 연못에 핀 수련 그림만 250여 점을 그렸다고 해요. 이 관용어는 한 가지 일에 몰두하여 끝까지 하는 것을 뜻하는 말이에요.

3 한자어 익히기

다음 한자어를 소리 내어 읽고 빈칸에 따라 써 보세요.

事	物
일 **사**	만물 **물**

사물(事物): 어떤 일이나 물건을 모두 가리키는 말.
- 사물을 관찰하다.
- 모든 사물을 다 눈으로 볼 수 있는 것은 아니다.
- 모양과 색깔에 따라 사물의 모습은 다르게 보인다.

事	物						
일 사	만물 물						

05회 읽기 방법 익히기

1 핵심어 찾기

글의 의미를 파악하기 위해서는 글의 핵심어를 찾아낼 수 있어야 합니다. '핵심어'란 글에서 가장 중요한 낱말, 글의 전체 내용을 대표하는 낱말을 뜻합니다. 한 편의 글은 핵심어에 대해 자세하게 설명하거나 글쓴이의 생각이나 느낌을 나타내는 내용으로 이루어져 있습니다.

★ **글에서 핵심어를 찾으려면,**

(1) 반복되는 낱말을 찾아봅니다.

(2) 비슷한 뜻을 가진 낱말을 찾아 하나의 낱말로 묶어 봅니다.

(3) (1)과 (2)에서 찾은 낱말이 글의 전체 내용과 관련되는지 판단해 봅니다.

(4) 글의 전체 내용을 대표할 수 있는 낱말이 곧 핵심어입니다.

1 다음 글의 핵심어와 판단 이유를 모두 바르게 말한 친구에게 ∨표 하세요.

> 사람들은 물고기가 헤엄치는 방법을 참고해서 다양한 수영법을 만들었어요. 기본적인 수영법에는 배영, 평영, 접영이 있어요. 먼저 배영은 물 위에 누운 상태에서 움직여요. 팔을 돌려서 앞으로 나아가는 힘을 얻지요. 평영과 접영은 각각 개구리와 나비의 움직임을 닮은 수영법이에요. 평영은 개구리처럼 양팔과 두 발을 오므렸다가 펴면서 앞으로 나아가요. 접영은 나비처럼 두 팔을 앞으로 뻗어 물을 끌어내려요. 그리고 양다리를 모아 위아래로 움직이며 앞으로 나아가지요.

핵심어는 '수영'이야. 물고기가 헤엄치는 방법과 배영, 평영, 접영 등 사람들이 만든 수영법의 다른 점을 말하고 있으니까!

핵심어는 '수영법'이야. 수영법, 배영, 평영, 접영 등 비슷한 뜻의 낱말이 반복되고 있고, 글의 전체 내용을 대표하니까!

핵심어는 '물고기'야. 배영, 평영, 접영 등과 같이 물고기가 헤엄치는 방법을 참고해서 만든 수영법에 대해 설명하고 있으니까!

다영

( )

도연

( )

지혜

( )

2 다음 글을 읽고 물음에 답하세요.

> 겨울이 되면 활동을 멈추고 깊은 잠에 빠지는 동물들이 있어요. 추운 날씨 때문에 먹을 것을 구하는 것이 어렵고 체온을 유지하기 어려워서 따뜻한 땅속으로 들어가 잠을 자는 것을 선택하는 거예요. 동물들이 겨울잠을 자는 방법은 다양해요. 개구리나 거북이, 뱀은 겨울 내내 잠을 자요. 그리고 자는 동안에는 숨도 거의 쉬지 않고 먹이도 먹지 않아요. 곰이나 두더지도 겨울 내내 잠을 자요. 하지만 잠을 자는 중간에 일어나서 먹이를 먹기도 하고 숨도 쉬어요. 동물마다 겨울잠을 자는 방법이 다르긴 하지만 모두 날씨가 따뜻해지는 봄이 되면 잠에서 깨어나 다시 활발한 활동을 시작한답니다.

(1) 이 글에서 같거나 비슷한 뜻을 가지면서 반복되는 낱말에 ○표 하세요.

(2) (1)의 낱말들을 종합하여 이 글이 무엇에 대한 글인지 생각해 보고, 빈칸에 공통으로 들어갈 낱말을 쓰세요.

➡ 이 글은 ☐☐☐을 자는 동물들의 사례를 다양하게 제시하고 있다. 따라서 이 글은 동물들의 ☐☐☐에 대한 글이라고 할 수 있다.

3 다음 글은 무엇에 대한 글인지 빈칸에 알맞은 낱말을 쓰세요.

> 여러분, 읽기란 무엇일까요? 우리의 일상에서 '읽기'라는 말은 매우 많이 사용됩니다. 책 읽기, 신문 읽기, 교과서 읽기, 블로그 읽기, 누리 소통망(SNS) 읽기 등 '읽기'라는 말을 사용하는 다양한 장면을 쉽게 떠올릴 수 있죠. 심지어는 '친구의 속마음을 읽었다.'라고 말하기도 합니다. 그런데 책을 읽는 것과 사람의 마음을 읽는 것은 모두 '읽는다'라고 말하지만 각각의 말의 의미는 분명히 다릅니다. 책을 읽는다는 것은 문자의 의미를 파악하여 내용을 파악한다는 것을 의미하고, 사람의 마음을 읽는다는 것은 친구의 표정이나 행동을 보고 그 친구의 의도나 마음을 알아차린다는 것을 의미하니까요. 우리는 책도 읽을 수 있고 사람의 마음도 읽을 수 있습니다. '읽는다'는 것은 대상에 대해 충분히 알고 이해한다는 것을 의미하는 말이기 때문이에요. 이제 읽기가 무엇인지 알겠지요?

➡ ☐☐의 의미에 대해 설명하는 글이다.

2 생략된 내용 짐작하기

글의 세부적인 내용을 정확하게 이해하기 위해서는 생략된 내용을 짐작하며 글을 읽어야 합니다. 짐작하며 글을 읽는다는 것은 일이 진행되는 과정이나 결과를 상상하거나 추측하여 글에 제시되지 않은 내용까지도 알아내는 것을 뜻합니다. 글에 직접적으로 제시되지 않은 인물의 마음이나 상황, 일이나 사건의 앞뒤 상황 등을 짐작하며 읽으면 글을 더 깊이 있게 이해할 수 있습니다.

★ **글에서 생략된 내용을 짐작하며 읽으려면,**

(1) 글 속의 일이 일어난 상황을 상상하거나 추측하여 마음속에 떠올립니다.

(2) 상상한 상황 속에서 일이 어떠한 순서로 일어났는지 정리해 봅니다.

(3) 일의 순서 중에서 글에 제시되지 않은 부분을 확인합니다.

(4) 상상한 내용이나 글에서 찾은 정보를 활용하여 생략된 부분을 채워 넣습니다.

---

1 다음 글에서 생략된 내용을 바르게 짐작한 친구를 모두 골라 √표 하세요.

> 단위는 이집트에서 처음 만들어졌어요. 이 단위는 팔꿈치에서부터 세 번째 손가락까지의 길이를 나타내요. 이집트의 피라미드는 이 단위 덕분에 만들어질 수 있었어요. 피라미드의 크기는 매우 커요. 하지만 밑면의 네 변 길이는 거의 차이 나지 않는다고 해요. 이것이 어떻게 가능했을까요? 단위를 사용해서 돌의 길이를 정확하게 쟀기 때문이에요.

피라미드를 만들기 시작했을 때, 돌의 크기가 달라서 피라미드를 만드는 데 문제가 생겼을 거야.	이집트 사람들은 피라미드를 만들기 전에 돌의 크기를 재기 위한 방법에 관한 회의를 했을 거야.	단위를 만든 후부터 피라미드의 돌을 같은 크기로 만드는 것이 쉬워졌을 거야.

혁민 ( )	예지 ( )	한결 ( )

2 다음 글에서 생략된 내용을 모두 골라 √표 하세요.

> 편경은 고려 시대부터 사용된 우리나라의 전통 악기예요. '경석'이라는 돌로 만들어요. 이 돌은 흔하지 않아서 우리나라에서는 구하기가 어려웠어요. 그래서 옛날에는 편경을 중국에서 가져올 수밖에 없었어요. 그러다가 조선 세종 대왕 때에 우리나라에서 경석이 발견되었어요. 이때부터 편경을 직접 만들 수 있게 되었지요. 우리나라의 편경은 중국의 것보다 소리가 더 아름답고 정확했다고 해요.

▲ 편경

(1) 우리나라에서 경석을 발견하기 전에 편경을 구한 방법   (   )

(2) 조선 세종 대왕 때에 편경을 직접 만든 방법과 편경 제작의 과정   (   )

(3) 직접 만든 편경이 내는 소리를 들은 조선 시대 사람들의 마음   (   )

3 다음 글에 어떠한 내용이 생략되었을지 생각해 보고, ㉠~㉢에 들어갈 내용을 짐작하여 쓰세요.

> 지훈이는 자신의 피아노 연주를 녹음하기 위해, 피아노 소리가 가장 잘 들리는 위치에 핸드폰을 두고 열심히 피아노를 연주하였다. (㉠   ) 그래서 자꾸 피아노 건반에서 손가락이 미끄러져 실수를 하게 되었다. 지훈이는 곧바로 화장실에 갔다. (㉡   ) 화장실에 다녀온 뒤부터는 피아노 건반을 미끄러짐 없이 두드릴 수 있었다. (㉢   ) 핸드폰을 확인한 지훈이는 다시 처음부터 피아노 연주를 녹음하기 시작하였다.

• ㉠: _____

• ㉡: _____

• ㉢: _____

쪽	사진	출처
19쪽	금강산(금강산 봄)	ⓒ연합뉴스
	봉래산(금강산 여름)	ⓒ연합뉴스
	풍악산(금강산 가을)	ⓒ연합뉴스
	개골산(금강산 겨울)	ⓒ연합뉴스
24쪽	홍길동전	ⓒ국립중앙도서관
	독립신문	ⓒ국립중앙도서관
25쪽	유관순 열사	ⓒ국사편찬위원회
30쪽	천계영 작가 1	ⓒ유튜브 천계영의 작업실 LIVE 화면 캡처
32쪽	천계영 작가 2	ⓒ넷플릭스 제공
37쪽	국립 중앙 도서관	한국학중앙연구원
52쪽	1800년대 아동 노동자	ⓒsteeve-x-foto / Alamy Stock Photo
53쪽	어린 엿장수	서울역사박물관
54쪽	어린이 헌장비	ⓒ한국학중앙연구원, 김연삼
64, 66쪽	양산타워	ⓒ경남신문 제공
82쪽	연세대 100주년 기념관 콘서트홀	혜성산업(주) 제공
94, 96쪽	스틱키봇	ⓒ김상배 교수
98쪽	배달 로봇	ⓒXinhua / 연합뉴스
	소금쟁이 로봇	ⓒ서울대학교 / 조규진 교수, 김호영 교수
	미니 치타 로봇	ⓒ연합뉴스
100쪽	울주 대곡리 반구대 암각화 전경	문화재청 국가문화유산포털
110쪽	건초 수레	ⓒHirarchivum Press / Alamy Stock Photo
	권운 연구	ⓒArtefact / Alamy Stock Photo
124쪽	경석	국립고궁박물관 소장
125쪽	편경	국립고궁박물관 소장
	편종	국립고궁박물관 소장
	운라	국립국악원 소장
136쪽	수련-나무의 반영	ⓒArtefact / Alamy Stock Photo

• 좋은 사진을 제공해 주신 분들께 감사드립니다.

ERI 독해가
문해력이다
독해 학습으로
문해력 키우기

★ 주차별 읽기 방법을 생각하며 읽으면 더 큰 학습 효과를 얻을 수 있습니다.

3단계 심화 — ❶ 주차 학습 중 —

생각그물로 정리하기

느끼거나 깨달은 점 공유하기

3단계 심화 — ❷ 주차 학습 중 —

자신의 생각 말하기

낱말 뜻 짐작하기

자신의 생각 말하기

글에 대한 자신의 생각을 말하는 것은 글을 읽고 알게 된 내용을 나에게 맞게 정리할 수 있는 좋은 방법입니다. 글을 읽고 난 후 글 내용을 정리하고, 정리한 글 내용에 대해 느끼거나 생각한 것을 말해 봅니다. 더 알고 싶은 것을 생각해서 말해도 좋습니다.

★ 글에 대한 자신의 생각을 말하려면,
❶ 글에서 설명하는 내용을 정리해 봅니다.
❷ 글에서 설명한 내용에 대한 자신의 생각을 하나씩 적어 봅니다.
❸ 글 내용에 대한 자신의 생각을 정리하여 알맞은 표현으로 말해 봅니다.
❹ 더 알고 싶은 것이 있는지 생각해서 말해 봅니다.

생각그물로 정리하기

생각그물은 여러 가지 생각을 관련된 것끼리 연결해서 나타내는 것입니다. 문단의 내용을 중심 문장과 뒷받침 문장으로 구분하고 그것을 생각그물로 정리하면 문단의 전체 내용을 쉽게 이해하고 기억할 수 있습니다.

★ 문단의 내용을 생각그물로 정리하려면,
❶ 문단의 중심 문장을 찾습니다.
❷ 중심 문장의 핵심 낱말이나 내용을 생각그물 가운데에 적습니다.
❸ 문단의 뒷받침 문장을 찾습니다.
❹ 뒷받침 문장의 핵심 낱말이나 내용을 생각그물 주변에 연결하여 적습니다.

낱말 뜻 짐작하기

글에 모르는 낱말이 있을 때, 그 앞뒤에 있는 다른 말을 사용해서 모르는 낱말의 뜻을 짐작할 수 있습니다. 모르는 낱말의 뜻을 짐작할 수 있는 단서에는 그 낱말을 꾸미는 말, 풀이하는 말, 위치가 대응되는 말 등이 있습니다. 그리고 문맥과 함께 배경지식을 사용해 짐작해 볼 수도 있습니다.

★ 모르는 낱말의 뜻을 짐작하려면,
❶ 글을 읽으며 모르는 낱말을 찾습니다.
❷ 모르는 낱말을 꾸미거나 풀이하는 말, 모르는 낱말과 대응하는 위치에 있는 말 등을 찾아봅니다.
❸ 글에서 찾아낸 단서나 배경지식으로 모르는 낱말의 뜻을 짐작해 봅니다.
❹ 짐작한 뜻을 적용하여 앞뒤의 내용과 자연스럽게 이어지는지 확인해 봅니다.

느끼거나 깨달은 점 공유하기

글을 읽으며 자신이 느끼거나 깨달은 점을 다른 사람과 이야기하면 글의 내용을 더욱 풍부하게 이해할 수 있습니다. 자신이 느끼거나 깨달은 점을 글로 쓰거나 그림으로 그려 친구들에게 보여 줄 수도 있습니다. 친구들과 묻고 답하기 놀이를 하거나, 그 글을 함께 읽고 싶은 친구에게 읽어 보라고 소개할 수도 있습니다.

★ 글을 읽고 자신이 느끼거나 깨달은 점을 공유하려면,
❶ 인물이 한 행동을 통해 인물의 마음을 짐작해 봅니다.
❷ 자신이 경험한 일을 떠올려 봅니다.
❸ ❶, ❷를 통해 느끼거나 깨달은 점을 다른 사람과 이야기해 봅니다.

EBS

당신의 문해력

ERI 독해가
문해력이다

3단계 심화

초등 3 ~ 4학년 권장

정답과 해설

한눈에 보는 정답
상세한 지문·문항 해설

ERI 독해가 문해력이다

3단계 심화

초등 3~4학년 권장

정답과 해설

한눈에 보는 정답
상세한 지문·문항 해설

한눈에 보는 정답

주차 1

01회 (21쪽)
1 새활용 2 ④ 3 이렇게 새활용을 하면 좋은 점이 많습니다. / 새활용을 하면 좋은 점
4 ④ 5 닮다 6 ⑤
어휘 익히기 1 1 쓰임새 2 독창적 3 시각 4 가지 2 일석이조

02회 (27쪽)
1 ⑤ 2 ② 3 (3) 4 붙여, 떼어, 떼어 5 독립신문, 띄어쓰기 6 한명도 없어서 →
한 명도 없어서
어휘 익히기 1 1 마음대로 2 헷갈려서 3 신문 4 단어 2 밤

03회 (33쪽)
1 ⑤ 2 ④ 3 (1)-ⓒ, (2)-ⓐ, (3)-ⓑ 4 (3) 5 ② 6 컴퓨터 장치의 도움을 받아 작업
을 하였다.
어휘 익히기 1 1 응원 2 명령 3 만화 4 인식 2 잇몸

04회 (39쪽)
1 (1) ○, (2) ○, (3) × 2 그것은 자기 혼자 편안하려는 것이 아니라 사회 전체의 이익
을 통해 모두가 행복해지기 위해서입니다. 3 쌓였고, 꽃을 심으니 4 깨진 유리창 이론
5 ⑤ 6 (1)-ⓑ, (2)-ⓐ / (3)-ⓒ
어휘 익히기 1 1 공공장소 2 규칙 3 이론 4 무질서 2 않다

05회 (42쪽)
1 1 금강산, 봉래산, 풍악산, 개골산 / 이름 2 · 중심 문장: 우리나라에는 특별한 날
을 기념하는 다양한 명절이 있습니다. · 뒷받침 문장 ①: 음력 1월 1일은 새해를
기념하는 설날입니다. · 뒷받침 문장 ②: 음력 5월은 한 해 풍년을 기원하는 단오입
니다. / · 생각그물 가운데: 우리나라의 다양한 명절 · 생각그물 주변: 설날, 단오, 추석
2 1 다양 2 회재

STEAM 독해 (47쪽)
1 ⑤ 2 프랑스, 파리 3 생략 4 [예] 평소에 대중교통을 이용하기, 가까운 거리는 걸어 다
니기, 나무 심기, 일회용품 사용 줄이기, 재활용 잘하기, 전기 아껴 쓰기 등의 노력을 한
다. 5 [예] 저는 제 이름을 붙인 ○○학교를 만들고 싶습니다. 평소에 공부만 하는 이성적인
모습으로 학교를 짓고 싶어요. 학생들이 즐겁게 공부할 수 있는 멋진 교실이 있고, 친구
들과 마음껏 뛰어놀 수 있는 재미있고 안전한 놀이터와 운동장이 있는 학교입니다.

주차 2

01회 (55쪽)
1 어린이 2 (1), (3) 3 지식, 교육, 참여 4 ③ 5 존중 6 (1)
어휘 익히기 1 1 존중 2 교육 3 공부 4 현장 2 어린이

02회 (61쪽)
1 (1) ○, (2) ○, (3) ○ 2 ⑤ 3 (1)-ⓑ, (2)-ⓒ, (3)-ⓐ 4 (1) 5 편견 6 ③
어휘 익히기 1 1 외면 2 미개 3 역을 4 질병 2 알

03회 (67쪽)
1 (1) ○, (2) ×, (3) × 2 ③ 3 ⑤ 4 이익, 좋아야, 있도록 5 (1) ②, (2) ② 6 (1), (3)
어휘 익히기 1 1 소각 2 기피하게 3 쾌적한 4 편의 2 머리

04회 (73쪽)
1 ② 2 (1) ○, (2) ○, (3) ×, (4) × 3 · 장점: ⑦ · 단점: ⓐ 4 ② 5 ② 6 [예] 위인전
30권 / 세종 대왕, 이순신 장군 등 우리나라의 위인뿐만 아니라 나이팅게일, 에디슨 등
외국의 유명한 위인들도 많이 있어요. 다른 책을 사 보기 위해 가격은 30권 모두 합하여
10,000원에 팔고 싶어요.
어휘 익히기 1 1 온라인 2 운영 3 품질 4 반면 2 시장

05회 (76쪽)
1 1 신기했다. / 참 편리하다. / 다른 주문도 해 보고 싶다. / 앞으로도 자주 이용할 것
같다. 2 [예] 이상한 모습의 동식물이 생겨나는 것이 걱정스럽다. 이런 문제가 일레지는
것이 옳다고 생각한다. 이런 문제를 알리려고 노력하는 사람들이 어떤 일을 하고 있는지
알고 싶다. 3 (1) 화사한 그림 속의 마음. (2) 작은 시각이 커다란 변화를 만들어 냈었다.
(3) [예] 작은 노력이 큰 변화를 만들어 낸다는 것이 놀랍다. 나도 이런 시도를 해 보고 싶다.
2 1 (1)-ⓒ, (2)-ⓙ, (3)-ⓔ, (4)-ⓒ 2 (1) ⑤, (2) 생각에서 생각을 바로 주고받는

4주차

01회 (119쪽)

1 ② 2 (2), (3) 3 (1)-㉠, (2)-㉤, (3)-㉢ 4 물을 앞으로 나아가게 하는 큰 힘
5 ⑧문단 6 평영, 많이, 점영, 거서
어휘 익히기 1 1 추진력 2 저항력 3 개념 4 참고 2 1 금상첨화

02회 (125쪽)

1 ③ 2 (1) 3 ③ 4 좋은 왕, 백성 5 재료, 기준 6 같아서, 얇게
어휘 익히기 1 1 금어 2 일정 3 조율 4 반영 2 1 금, 옥

03회 (131쪽)

1 (1) ○, (2) ○, (3) × 2 ④ 3 긍정적, 부정적 4 ⑤ 통일, 기준 6 나라 간 물품 교
환에서 서로 손해를 보지 않기 위해 단위를 통일해야겠다는 생각을 하게 되었다.
어휘 익히기 1 1 교류 2 통일 3 탄생 4 거래 2 1 허

04회 (137쪽)

1 ④ 2 ⑤ 3 ③ 4 ·㉠: 그래서, ·㉤: 그러나 5 눈이 안 좋아졌기, 흐릿하게 6 예
빛에 따라 달라지는 무앙 대상님의 다양한 모습을 다양한 색깔로 표현해 내다니, 정말
대단해요. 저는 무앙 대상님이 하나의 색깔이라고 생각했는데 당신의 그림을 보니 제 생
각이 정말 부족했다는 걸 느껴요. 당신의 그림을 통해 그림을 그릴 때에 사물을 관찰
하는 것이 얼마나 중요한지 깨달을 수 있었어요.
어휘 익히기 1 1 아위 2 순간적 3 평가 4 형제 2 1 우물

05회 (140쪽)

1 1 도연 2 (1) 잠, 겨울잠 (2) 겨울잠 3 읽기
2 1 휘민, 예지, 한결 2 (2), (3) 3 ·㉠: 지훈이는 연주를 너무 열심히 해서 손가락
이 땀에 젖었다. ·㉤: [예] 화장실에서나 휴지로 땀을 닦았다. ·㉢: [예] 핸드폰의 녹음 파일
을 확인한 지훈이는 녹음을 하지 않았음을 알게 되었다. / 핸드폰의 녹음 파일을 확인한
지훈이는 자신의 피아노 소리가 기대했던 수준에 미치지 못하는 것을 알게 되었다.

3주차

01회 (85쪽)

1 음향 설계사 2 ④ 3 ① 4 ⑤ 5 ① 6 소리, 반사
어휘 익히기 1 1 설치 2 호기심 3 뿌듯한 4 구조 2 1 소리

02회 (91쪽)

1 ③ 2 물, 증기 기관, 기계, 부피 3 ① 4 부피 5 ② 6 ②
어휘 익히기 1 1 증기 2 부피 3 발견 4 발명 2 1 필요

03회 (97쪽)

1 (1) ×, (2) ○, (3) ○ 2 생체 모방 3 ④ 4 내려가다 5 ① 6 (1)
어휘 익히기 1 1 사뿐히 2 본떠 3 지렁 4 유용 2 1 고양이

04회 (103쪽)

1 ③ 2 ③ 3 ④ (1) 의, (2) 사, (3) 이 5 ① 6 문화 작품
어휘 익히기 1 1 선물우리 2 으뜸 3 점차 4 제자리 2 1 뚫는다

05회 (106쪽)

1 1 휘민 2 (1) ④, (2) 그러나, (3) 소희는 의사 선생님의 말씀을 따랐다. 그러므로 소
하는 건강하게 될 것이다.
2 1 강모 2 (1) ⑤, (2) 일, (3) 영국, 프랑스, 대한민국

STEAM 독해 (111쪽)

1 ④ 2 [예] 모자를 쓴 모습, 비웃을 읽은 모습, 우산을 듣고 있는 모습 등 3 [예] 총작운
이 떠 있는 풍경 등 4 ⑤ 5 [예] 서울, 200○○년 ○월 ○일 오후 3시 / 0°C에는 많은
단 하늘이 갑자기 어두워지며 화색 구름이 물려옴. 그러다니 갑자기 엄청나게 쏟아지는
비에 흠뻑 젖어 버림. 6 ·㉠ 구름양: [예] 1 / 날씨: [예] 맑음 ·㉤ 구름양: [예] 7~8 / 날씨:
[예] 구름 다소

1 모든 물건은 시간이 지나면 낡고 ㉠해지기 마련입니다. 그래서 버려지기도 합니다. 물건을 함부로 버리면 쓰레기가 늘어나 환경이 오염되고 자원*을 낭비됩니다. 하지만 조금만 생각을 바꾸면 새롭게 사용할 수 있는 물건이 됩니다. 이를 '재활용'이라고 합니다. 재활용은 버려지는 물건을 새롭게 꾸미거나 쓰임새를 바꿔서 가치를 높이는 일입니다. 물건을 그냥 재활용하는 것이 아니라 '새롭게' 쓰는 일입니다.

2 첫째, 물건의 쓰임새를 바꾸는 것입니다. 더 이상 입지 않는 옷으로 가방을 만들 수 있습니다. 버려진 천으로 시장바구니를 만들 수도 있습니다. 알록달록 단추를 모아 목걸이를 만들고, 색색깔의 전선을 모아서 반지를 만들 수도 있습니다. 그래서 인기가 많고 비싼 가격에 팔리기도 합니다.

3 둘째, 버려진 물건을 모아 예술 작품을 만듭니다. 버려진 페트병과 음료수 캔을 모아서 멋진 작품을 만들 수도 있습니다. 현재 전시한 작품을 만들기도 합니다. 매일 버려지는 물건에서도 아름다움을 찾아내는 것입니다.

4 이렇게 재활용을 하면 환경 오염을 줄일 수 있습니다. 먼저 쓰레기를 줄여서 드는 자원을 낭비하지 생각인 독창적인 생각으로 물건의 가치를 높여서 팔면 이익을 얻을 수 있습니다.

5 이처럼 물건을 버리기 전에 새로운 시각으로 물건을 보거나 생각하는 태도가 필요합니다. 버려지면 본래의 쓰임새가 아니라 다른 방법으로 활용할 수 있습니다. 다 쓴 물건이라고 버리기 전에 다시 쓸 수 있는 방법을 생각해 봅시다.

*자원: 석유, 나무처럼 사람이 살아가는 데 쓰는 것.

[핵심어 찾기]

1. 이 글에서 가장 핵심적인 낱말을 찾아 쓰세요.

(재활용)

▶ 이 글은 '재활용'에 대해 설명하고 있습니다.

[내용 파악하기]

2. 이 글의 내용으로 알맞지 않은 것은 무엇인가요? (④)

① 물건을 함부로 버리면 환경이 오염된다.
② 재활용을 하면 물건의 가치를 높일 수 있다.
③ 버려진 물건으로도 예술 작품을 만들 수 있다.
④ 쓰임새를 바꾸어 재활용한 물건은 사고팔 수 없다.
⑤ 버려지는 물건을 재활용하면 자원을 절약할 수 있다.

▶ 2문단에서 쓰임새를 바꾸어 재활용한 물건은 인기가 많고 비싼 가격에 팔리기도 한다고 하였습니다.

[생각그룹으로 정리하기]

3. 4문단의 내용을 생각그룹으로 정리하려고 합니다. 중심 문장을 찾아 빈칸에 알맞은 말을 쓰세요.

4 이렇게 재활용을 하면 좋은 점이 많습니다. 먼저 쓰레기를 줄여서 환경 오염을 줄일 수 있습니다. 그리고 물건을 새로 만드는 데 드는 자원을 절약할 수 있습니다. 마지막으로 독창적인 생각으로 물건의 가치를 높여서 팔면 이익을 얻을 수 있습니다.

재활용을 하면 좋은 점
- 환경 오염을 줄일 수 있다.
- 자원을 절약할 수 있다.
- 팔면 이익을 얻을 수 있다.

▶ 문단의 내용을 생각그룹으로 정리할 때는 문단을 대표하는 중심 문장의 내용을 가운데에 적고, 뒷받침 문장의 내용을 주변에 연결하여 적습니다. 4문단의 중심 문장은 '이렇게 재활용을 하면 좋은 점이 많습니다.'입니다.

어휘 익히기

1 낱말 뜻 알기

다음 빈칸에 알맞은 낱말을 〈보기〉에서 찾아 쓰세요.

보기: 쓰임새   가치   독창적   시각

1. 그는 물건들을 (쓰임새)대로 나누었다.
   뜻 어떤 것이 쓰이는 데.

2. 훈민정음은 (독창적)이고 과학적인 글자이다.
   뜻 새롭고 남다른 것을 생각해 내거나 만들어 내는 재주나 특성이 있는 것.

3. 예술가는 사물을 새로운 (시각)(으)로 바라본다.
   뜻 사물을 보거나 생각하는 태도.

4. 벼룩시장에서는 깨끗한 물건의 (가치)이/가 높다.
   뜻 물건이나 일의 쓸모나 중요성.

2 관용 표현 알기

다음 빈칸에 알맞은 사자성어를 쓰세요.

" 일 석 이 조 "

재활용을 하면 쓰레기를 줄여서 환경 오염을 줄일 수 있고, 물건을 새로 만드는 데 드는 자원을 절약할 수도 있습니다. 이처럼 새활용하는 돌 한 개를 던져 새 두 마리를 잡는다는 '一石二鳥'라는 뜻으로, 한 가지 일로 두 가지 이익을 얻는 것을 이르는 말이에요.

한자	뜻	음
一	하나	일
石	돌	석
二	두	이
鳥	새	조

3 한자어 익히기

다음 한자어를 소리 내어 읽고 빈칸에 따라 써 보세요.

재활용(再活用): 다 쓰거나 못 쓰게 된 물건을 다시 쓰는 것
· 고철을 모아서 재활용합니다.
· 음식수 캔이나 유리 병은 재활용할 수 있습니다.
· 우리 동네는 매주 화요일마다 재활용 쓰레기를 수거합니다.

再 다시 재	活 살 활	用 쓸 용
再 다시 재	活 살 활	用 쓸 용

글의 내용 적용하기

4. 다음 중 쓰임새를 바꾸어서 새활용한 물건이 아닌 것은 무엇인가요? (④)

① 선거 현수막으로 만든 우산
② 자투리 가죽으로 만든 팔찌
③ 병뚜껑을 모아 디자인한 의자
④ 볼펜 대롱 이어 붙인 문방연필
⑤ 음료수병을 이용해 만든 조명등

➡ 새활용은 못쓰는 물건의 쓰임새를 바꾸거나 버려진 물건으로 예술품을 만드는 등 물건을 새롭게 디자인해서 가치를 높이는 것입니다. ④는 본래의 쓰임새대로 연필을 이어 쓰기 위함이지 쓰임새를 바꾼 새활용으로 보기는 어렵습니다.

낱말 뜻 짐작하기

5. 다음 두 친구의 말을 참고할 때, ㉠의 '해지다'와 비슷한 뜻을 지닌 낱말은 무엇인지 알맞은 것에 ✓표 하세요.

㉠의 윗부분을 보면 물건이 낡거나 닳아진다는 말이 있어. 물건이 해지면 버려지는 것 같아.

㉠의 앞부분을 보면 물건이 낡는다는 표현이 있어. 해진다는 건 물건이 낡음을 나타내는 특성인가 봐.

낡다	닳다	더럽다	넘치다
( )	(✓)	( )	( )

➡ '해지다'는 닳아서 떨어지는 '닳다'와 뜻이 비슷한 낱말입니다. '낡다'는 물품 등이 오래되어 헐고 삭은 상태를 나타내는 낱말입니다. 이처럼 비슷한 뜻을 지닌 낱말로는 '닳다'가 가장 알맞습니다.

자신의 생각 말하기

6. 이 글을 읽고 느끼거나 깨닫게 점을 알맞게 말하지 못한 친구는 누구인가요? (⑤)

① 윤기: 환경에 도움이 되는 물건을 찾는 사람들이 많다는 것을 알았어.
② 서하: 버려진 물건으로도 훌륭한 예술 작품을 만들 수 있다는 것을 알았어.
③ 지우: 물건을 단순히 재활용하는 것과 새활용하는 것은 다르다는 것을 알았어.
④ 희민: 물건의 쓰임새를 바꾸면 다시 가치 있는 물건이 될 수 있다는 것을 알았어.
⑤ 지혜: 도움 절약하는 것이 새로운 물건을 사지 않는 것이 중요하다는 것을 알았어.

➡ 버려지는 물건을 새활용하는 것은 자원을 절약하기 위해서입니다. 그렇다고 해서 새로운 물건을 사지 않아야 한다는 것은 아닙니다.

ERI 지수 **404** 인문 | 국어

우리말로 글을 쓸 때는 낱말과 낱말 사이를 띄어 써요. 가끔은 어떻게 띄어 써야 할지 고민이 되어서 내 마음대로 붙여 쓰고 싶을 때도 있어요. ㉠띄어쓰기는 어떻게 해야 하며 또 띄어쓰기는 언제부터 하기 시작했을까요?

'아버지가방에들어가신다.'라는 문장을 읽어 봅시다. 어떤 뜻일까요? 아버지가 가방을 열고 그 속에 들어가신다는 뜻일까요? 아니면 아버지가 문을 열고 방으로 들어가신다는 뜻일까요?

이렇게 모든 낱말을 붙여 쓰면 어떤 뜻인지 헷갈려서 빨리 읽을 수 없어요. 뜻을 잘못 이해할 수도 있지요. 하지만 띄어쓰기를 하면 내가 전하고자 하는 뜻을 정확하게 전달할 수 있어요. 그리고 글을 읽는 사람도 헷갈리지 않고 편하게 읽을 수 있어요.

아버지 가방에 들어가신다.
아버지가 방에 들어가신다.

그러면 이렇게 띄어 써야 할까요? ㉡글을 쓸 때는 낱말과 낱말 사이를 띄어서 쓰는데, 몇 가지 주의할 점이 있어요. 첫째, '이/가', '을/를', '은/는', '의/와' 같은 말은 앞말에 붙여 써요. 그래서 '아버지가'를 따로 쓰지 않고 '이'라고 써요. 둘째, 마침표(.)나 쉼표(,) 뒤에 오는 말은 띄어 써요. 그래서 친구의 이름을 부른 다음에는 한 칸을 띄어서 "민영아. 안녕?"이라고 쓰지요. 셋째, 수를 나타내는 말과 단위를 나타내는 말 사이는 띄어 써요. 그래서 '사과 한 개, 물 두 개'라고 쓰지요.

그렇다면 띄어쓰기는 언제부터 생긴 걸까요? 세종 대왕이 한글을 처음 만들었을 때에는 띄어쓰기가 없었어요. 띄어쓰기를 하자는 목소리가 나오기 시작한 것은 한글이 만들어지고 약 5백 년이 지난 이후예요. 놀랍게도 이때 띄어쓰기를 하자고 주장한 사람 중에는 외국인들도 있어요. 띄어쓰기는 1877년 존 로스의 「조선어 첫걸음」이라는 책에서 시작되었다고 해요. 이후에 서재필, 주시경 선생님이 최초의 한글 신문인 「독립신문」을 만들 때 호머 헐버트는 띄어쓰기를 하자고 말했어요. 그래서 「독립신문」에는 띄어쓰기가 사용되었어요. ㉢이때부터 띄어쓰기가 널리 퍼져서 많은 사람이 한글을 편리하게 읽을 수 있게 되었답니다.

---

6 정답과 해설

★

내용 파악하기

1. 이 글의 내용으로 알맞지 않은 것은 무엇인가요? (⑤)

① 낱말과 낱말을 내 마음대로 붙여 써서는 안 된다.
② 「독립신문」에서는 낱말과 낱말 사이를 띄어 썼다.
③ 낱말과 낱말 사이를 띄어서 쓰는 것을 '띄어쓰기'라고 한다.
④ 띄어쓰기를 하자고 주장한 사람 중에는 외국인들도 있었다.
⑤ 세종 대왕이 한글을 처음 만들었을 때에도 띄어쓰기가 있었다.

세부 내용 파악하기

2. 띄어쓰기를 해야 하는 까닭이 아닌 것은 무엇인가요? (②)

① 글을 더 빨리 읽을 수 있기 때문에
② 글을 더 예쁘게 쓸 수 있기 때문에
③ 정확한 뜻을 전달해야 하기 때문에
④ 알맞은 뜻이 전달될 수 있기 때문에
⑤ 글을 읽는 사람이 헷갈릴 수 있기 때문에

이어질 내용 예측하기

3. ㉠을 읽고 뒤에 이어질 내용을 바르게 예측하지 **못한** 친구에게 V표 하세요.

(1) 다위: 띄어쓰기의 방법을 설명해 줄 것 같아. (   )
(2) 서하: 띄어 써야 하는 이유를 설명해 줄 것 같아. (   )
(3) 한결: 붙여 쓰면 편한 이유를 설명해 줄 것 같아. (V)
(4) 지우: 띄어쓰기를 처음 하게 된 때를 설명해 줄 것 같아. (   )

어휘 익히기

1 낱말 뜻 알기
다음 빈칸에 알맞은 낱말을 〈보기〉에서 찾아 쓰세요.

• 보기 •
마음대로　헷갈려서　단위　신문

1. 그 친구는 자기 (마음대로) 행동하는 것이 문제였다.
   뜻 마음이 가는 대로.

2. 처음에는 반 아이들의 이름이 (헷갈려서) 힘들었어요.
   뜻 여럿이 뒤섞여 갈피를 잡기 어려워서.

3. 나는 매일 아침 집으로 배달되는 (신문)을/를 읽습니다.
   뜻 그때그때 여러 가지 일을 때맞추어 담아서 알리는 소식지.

4. 사람이 너무 많아 배어나가 전 (단위)(으)로는 그 수를 셀 수 없다.
   뜻 수, 양, 길이, 무게, 시간, 크기 등을 재는 데 바탕이 되는 기준.

2 관용 표현 알기
다음 빈칸에 알맞은 말을 쓰세요.

"밭 벗고 나서다"

띄어쓰기를 하자고 앞장선 사람 중에는 호머 헐버트와 같은 외국인도 있었어요. 호머 헐버트는 외국인이면서도 한글을 세계에 알리고 독립운동을 도왔다고 해요. 이 관용어는 어떤 일을 마치 자기 일처럼 적극적으로 나서서 하는 것을 이르는 말이에요.

3 한자어 익히기
다음 한자어를 소리 내어 읽고 빈칸에 따라 써 보세요.

편리(便利): 어떤 일이 하기 쉽고 편한 것.
· 이 동네는 교통이 편리하다.
· 시민들의 편리를 위한 공공시설이 늘어나야 한다.
· 그 기계는 편리하기 때문에 사용자가 계속 늘고 있다.

便 利
편할 편　이로울 리

便	利
편할 편	이로울 리

어휘 익히기

새로운 내용 파악하기

4. ㉡의 내용을 다음과 같이 정리할 때, 빈칸에 알맞은 말을 쓰세요.

띄어쓰기를 할 때 주의할 점

1. '이/가', '을/를', '은/는', '이'와 같은 말은 앞말에 (붙여) 쓴다.
2. 마침표(.)나 쉼표(,) 뒤에 오는 말은 (띄어) 쓴다.
3. 수를 나타내는 말과 단위를 나타내는 말 사이는 (띄어) 쓴다.

➡ 3문단에 띄어쓰기를 할 때 주의할 점이 '첫째', '둘째', '셋째'로 설명되어 있습니다.

가리키는 말의 의미 파악하기

5. ㉢이 의미하는 것은 무엇인지 빈칸에 알맞은 말을 쓰세요.

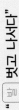 독 립 신 문 에 띄 어 쓰 기 가 사용되었음

➡ '독립신문'은 띄어쓰기를 사용한 최초의 한글 신문입니다. 이 신문을 통해 띄어쓰기가 널리 퍼져 많은 사람이 한글을 편리하게 읽을 수 있었습니다.

글의 내용 적용하기

6. 다음 밑줄 친 부분 중 띄어쓰기가 잘못된 곳을 찾아 바르게 고쳐 쓰세요.

수현아, 안녕?
수현아, 어제 나한테 함께 놀자고 먼저 이야기해 주어서 고마웠어.
전학을 와서 친한 친구가 한명도 없어서 적적했는데 네가 먼저 말을 걸어 주어
나는 정말 기뻤어. 우리 앞으로 더 친하게 지내자.

(　한명도 없어서　)　➡　(　한 명도 없어서　)

➡ 3문단에서 수를 나타내는 말과 단위를 나타내는 말 사이는 띄어 써야 한다고 하였습니다.

ERI 지수 417   인문 | 도덕

천계영 작가는 오랜 시간 동안 재미있는 만화를 그리고 있는 유명한 만화가입니다. 1996년부터 우리나라에서 처음으로 컴퓨터로 만화를 그렸습니다. 그는 20여 년이 넘게 하루 종일 손으로 마우스를 움직여서 만화를 그렸습니다. 그러다 보니 손가락의 관절*이 안 좋아져서 그림을 그릴 때마다 통증이 너무 심해졌습니다. 결국 그는 만화 그리는 것을 잠시 멈췄습니다. 독자들은 기다리던 천계영 작가의 만화를 보지 못해 아쉬워했습니다.

하지만 천계영 작가는 포기하지 않았습니다. 그는 손을 대신할 수 있는 방법을 찾기 시작했습니다. 손가락을 써야 하는 마우스 대신에 발로 쓸 수 있는 마우스, 한 손으로 쓸 수 있는 키보드를 사용했습니다. 그러다 문득, 컴퓨터에 있는 음성 인식 기능이 눈에 띄었습니다. 음성 인식 기능은 사람의 목소리를 알아듣고 글자나 그림을 명령대로 움직이게 해 줍니다.

그는 이제 목소리로 그림을 그립니다. 컴퓨터에 연결된 마이크에 대고 "프레임* 한 게."라고 말하면 컴퓨터 화면에 네모난 빈칸이 생깁니다. "왼쪽 칸."을 외치니 칸 왼쪽에 말풍선이 생깁니다. "보통 매시."라고 말하니 대사를 쓸 수 있는 창이 뜹니다. 대사를 말하니 대사가 입혀이 됩니다. 이렇게 컴퓨터와 말을 하며 처음 만화를 완성해 갑니다.

천계영 작가는 목소리로 만화를 그리는 과정을 누리 소통망(SNS)*으로 올렸습니다. 많은 사람이 천계영 작가가 만화를 그리는 것을 지켜보며 응원했습니다. 그는 "속도는 느리지만 재미있게 일하고 있어요. 만화를 계속하는 게 목표입니다."라고 말하며 웃었습니다.

▲ 목소리로 만화를 그리는 천계영 작가

*관절: 뼈마디.
*프레임: (만화의) 한 토막.
*누리 소통망(SNS): 온라인상에 글이나 사진, 동영상 같은 것을 올려서 다른 사람들과 자유롭게 나눌 수 있도록 도와주는 서비스

새로운 내용 파악하기

1. 천계영 작가가 만화 그리는 것을 멈추었던 이유는 무엇인가요? (⑤)

① 가족을 돌보아야 해서
② 목소리가 나오지 않아서
③ 종이와 펜 대신 컴퓨터를 사용하기 위해서
④ 새로운 아이디어를 떠올릴 시간이 필요해서
⑤ 마우스로 그리다 보니 손가락 관절 통증이 심해져서

→ 마우스를 이용해 컴퓨터로 오랫동안 그림을 그리다 보니 손가락 관절 통증이 심해졌기 때문입니다.

세부 내용 파악하기

2. 천계영 작가가 목소리로 만화를 그릴 수 있도록 도와준 도구는 무엇인가요? (④)

① 펜
② 종이
③ 발로 쓸 수 있는 마우스
④ 컴퓨터의 음성 인식 기능
⑤ 한 손으로 쓸 수 있는 키보드

→ 컴퓨터에 있는 음성 인식 기능을 통해 목소리로 만화를 다시 그리기 시작했습니다.

인물의 마음 짐작하기

3. 천계영 작가가 겪은 일과 그때 느꼈을 마음을 선으로 알맞게 이으세요.

겪은 일 / 느꼈을 마음

(1) 만화 그리는 것을 멈춤. — ㉠ 놀랍고 반가운 마음
(2) 컴퓨터의 음성 인식 기능을 발견함. — ㉡ 독자들에게 미안한 마음
(3) 만화 그리는 과정을 누리 소통망으로 독자들에게 알림. — ㉢ 뿌듯하고 행복한 마음

→ 만화 그리는 것을 멈추었을 때 독자들에게 미안한 마음이 들었을 것입니다. 만화 그리는 과정을 누리 소통망으로 독자들에게 알릴 때는 뿌듯하고 행복한 마음이 들었을 것입니다.

1 낱말 뜻 알기

다음 빈칸에 알맞은 낱말을 〈보기〉에서 찾아 쓰세요.

> 보기
> 만화   인식   명령   응원

1. 나는 어느 팀을 (응원)할 거니?
   뜻 남이 어떤 일을 잘할 수 있게 힘을 북돋워 주는 것.

2. 그들은 상사의 (명령)이/가 떨어지기 무섭게 움직였다.
   뜻 윗사람이 아랫사람에게 어떤 일을 시키는 것. 또는 시키는 말.

3. 어렵고 딱딱한 내용을 (만화)(으)로 만든 책이 인기가 높다.
   뜻 간단하고 특징 있는 선으로 어떤 이야기를 재미있게 그린 그림.

4. 그 스피커는 내가 내는 목소리를 (인식)하여 스스로 작동한다.
   뜻 깨달아 아는 것. 또는 어떻게 되었다고 여기는 것.

2 관용 표현 알기

다음 빈칸에 알맞은 말을 쓰세요.

"이 없으면 잇몸 으로 산다"

이 속담은 이가 없으면 잇몸으로 음식물을 씹어 먹듯이, 꼭 있어야 할 것이 없으면 없는 대로 견디어 나갈 수 있음을 이르는 말이에요.

3 한자어 익히기

다음 한자어를 소리 내어 읽고 빈칸에 따라 써 보세요.

最善(최선): 온 정성과 힘.

최선(最善)
• 단점을 보완하기 위해 최선을 다했다.
• 후회가 남지 않도록 최선을 다하는 것이 좋다.
• 아무리 작은 일이라도 맡은 일에 최선을 다해야 한다.

最 가장 최	善 착할 선
最 가장 최	善 착할 선

---

4. 다음은 천재영 작가가 누리 소통망으로 만화 그리는 과정을 알렸을 때 독자들이 올린 댓글입니다. 다. 천재영 작가를 응원하는 목적의 댓글이 아닌 것에 √표 하세요.

댓글

(1) sj***: 포기하지 않고 계속 만화를 그려 주셔서 감사해요. 오래오래 그려 주세요! ( )

(2) wk***: 목소리로 그린 그림도 멋지네요. 이번 작품도 기대합니다! ( )

(3) yd***: 저희 음성 인식 프로그램을 사용해 주셔서 감사합니다. 앞으로도 많이 이용해 주세요! ( )

(4) kw***: 다시 만화를 그려 주셔서 감사합니다. 앞으로도 계속 함께해 주세요! (√)

댓글 달기

음성 인식 프로그램 사용에 대한 감사 인사는 천재영 작가를 응원하는 목적의 댓글이라 보기 어렵습니다.

자신의 생각 말하기

5. 이 글을 읽고 자신의 생각을 알맞게 말하지 못한 친구는 누구인가요? (②)
   ① 수민: 그동안 손을 쓸 때마다 얼마나 아팠을까?
   ② 하은: 실제 이야기는 아니지만 정말 감동적이야.
   ③ 민지: 만화를 그리지 못했을 때는 엄청 속상했을 것 같아.
   ④ 태호: 나라면 만화를 포기할 수도 있었을 것 같은데 정말 대단해.
   ⑤ 지안: 힘든 상황 속에서도 즐겁게 만화를 그리는 모습이 참 멋져 보여.

이 글은 천재영 작가의 실제 이야기입니다.

글의 내용 적용하기

6. 이 글의 천재영 작가와 〈보기〉의 스티븐 호킹 박사의 공통점으로 알맞은 것에 √표 하세요.

> 보기
> 스티븐 호킹 박사는 21세에 온몸의 근육이 굳어가는 루게릭병에 걸렸습니다. 의사는 그가 앞으로 얼마 살지 못할 것이라고 했지만, 그는 우주에 대한 연구를 멈추지 않았습니다. 호킹 박사는 특수 장치와 컴퓨터로 된 휠체어를 사용하기 시작했고, 이 장치들을 통해 손가락이나 눈썹을 움직여서 글을 쓸 수 있게 되었습니다.

근육이 굳어가는
루게릭병을 앓았다. ( )

컴퓨터 장치의
도움을 받아 작업을 하였다. (√)

천재영 작가와 스티븐 호킹 박사는 모두 컴퓨터 장치에 도움을 받아서 작업을 계속하였습니다.

ERI 지수 441 인문 | 도덕

공공장소는 여러 사람이 함께 이용하는 곳입니다. 그래서 공공장소에는 규칙이 필요합니다. 예를 들면, 거리에 함부로 쓰레기를 버리지 않습니다. 극장에서는 영화를 볼 때 휴대 전화를 사용하지 않습니다. 도서관에서는 조용히 합니다. 이렇게 공공장소에 규칙이 필요한 이유는 무엇일까요? 그것은 자기 혼자 편안하려는 것이 아니라 사회 전체의 이익을 통해 모두가 행복해지기 위해서입니다. 바로 공익을 중요하게 생각하는 것이지요.

(공공장소: 사회 사람 모두가 함께 쓰는 장소. / 규칙: 여러 사람이 다 같이 지켜야 마땅한 것으로 정한 약속이나 법.)

→ 공공장소에 규칙이 필요한 이유

㉠공공장소에서 규칙을 지키는 것에 대한 두 가지 재미난 실험이 있습니다. 어느 날, 주택가 골목에 쓰레기가 담긴 검은 봉투 하나를 던져 놓았습니다. 시간이 지나자 ㉡사람들은 눈치를 보며 쓰레기를 던지고 지나갑니다. 어느덧 깨끗하던 골목에 쓰레기가 하나둘씩 쌓이더니 밤새 산더미처럼 쌓이고 말았습니다.

→ 공공장소에서 규칙을 지키는 것에 대한 실험 ①

한편, 평소에 사람들이 함부로 버린 쓰레기로 골치를 앓고 있는 골목을 찾아갔습니다. 쓰레기를 함부로 버리지 말라는 경고*가 있어도 소용이 없었습니다. 그러다가, 이곳에 있던 쓰레기를 모두 치우고 꽃을 심었습니다. 쓰레기를 버리지 말라는 경고도 치워 버렸습니다. 어떻게 되었을까요? ㉢그날 밤 누군가 쓰레기를 들고 나타났습니다. 꽃을 보고도 그냥 쓰레기를 버립니다. 그런데 갑자기 돌아와서 버린 쓰레기를 도로 주워 갑니다. 하룻밤이 지났지만 어느 누구도 쓰레기를 버리지 않았습니다.

→ 공공장소에서 규칙을 지키는 것에 대한 실험 ②

이 실험은 1982년 미국의 범죄 심리학자들이 제안한 '깨진 유리창 이론'을 보여 줍니다. 이 이론에 따르면 유리창이 깨진 자동차를 거리에 내버려 두면 사람들이 그 자동차를 함부로 망가뜨린다고 합니다. 왜냐하면 그 지역에는 법과 질서가 지켜지지 않는다고 생각하기 때문이지요. 즉 사소한* 무질서 상태를 내버려 두면 더 큰 범죄와 무질서 상태를 가져올 수 있다는 것입니다. 평소에 법이나 규칙을 잘 지키는 사람도 누군가 규칙을 어기면 똑같이 행동하는 경우가 많다고 합니다.

(이론: 원리나 이치를 밝히려고 논리에 따라서 짠 틀. 또는 그 틀에 맞추어 정리한 생각. / 무질서: 질서가 없는 것.)

→ 사소한 무질서가 더 큰 무질서를 가져옴을 보여 주는 '깨진 유리창 이론'

여러 사람이 공공장소를 편리하게 이용하며 행복하게 살기 위해서는 함께 노력해야 합니다. 아무 생각 없이 버린 쓰레기 하나가 깨끗하던 골목을 쓰레기 더미로 만들 수도 있습니다. 공공장소에서 한 사람이 규칙을 어기면 다른 사람들도 규칙을 지키지 않고 쉽게 어기게 되는 것이지요. 하지만 쓰레기가 버려지는 곳에 꽃을 심었을 때 생기는 변화를 보세요. 조금만 변화를 주면 모두를 위한 공익이 이루어질 수 있습니다.

→ 작은 변화로도 실현될 수 있는 공익

* **경고**: 어떤 일을 조심하거나 삼가라고 미리 알려 주는 것.
* **사소한**: 중요하지 않은.

내용 파악하기

1. 이 글의 내용으로 알맞으면 ○표, 알맞지 않으면 X표 하세요.

(1) 공공장소에는 규칙이 필요하다. (○)
(2) 공공장소에 조금만 변화를 주어도 공익이 실현될 수 있다. (○)
(3) 평소에 법이나 규칙을 잘 지키는 사람은 어떤 일이 있어도 규칙을 어기지 않는다. (X)

평소에 법이나 규칙을 잘 지키는 사람도 누군가 규칙을 어기면 똑같이 행동하는 경우가 많다고 하였습니다.

글의 내용을 근거로 답하기

2. 공익의 뜻은 무엇일까요? 그 뜻을 짐작할 수 있는 근거가 되는 문장에 밑줄을 그으세요.

공공장소는 여러 사람이 함께 이용하는 곳입니다. 그래서 공공장소에는 규칙이 필요합니다. 예를 들면, 거리에 함부로 쓰레기를 버리지 않습니다. 극장에서는 영화를 볼 때 휴대 전화를 사용하지 않습니다. 도서관에서는 조용히 합니다. 이렇게 공공장소에 규칙이 필요한 이유는 무엇일까요? 그것은 자기 혼자 편안하려는 것이 아니라 사회 전체의 이익을 통해 모두가 행복해지기 위해서입니다. 바로 공익을 중요하게 생각하는 것이지요.

공익을 중요하게 생각하는 것이 무엇인지에 대한 설명이 바로 앞 문장에 나타나 있습니다.

내용 요약하기

3. ㉠의 내용을 다음과 같이 요약할 때, (　　) 안에서 알맞은 말을 골라 ○표 하세요.

깨끗하던 골목에 쓰레기가 담긴 봉투를 두니 쓰레기가 (쌓였고, 줄어들었고), 쓰레기가 많던 골목에 (경고를 붙이니, 꽃을 심으니) 쓰레기가 사라졌다.

첫 번째 실험에서는 깨끗하던 골목에 쓰레기가 담긴 봉투 하나를 두니 사람들이 쓰레기를 버리기 시작해 쓰레기가 산더미같이 쌓였고, 두 번째 실험에서는 쓰레기가 많던 골목에 꽃을 심으니 사람들이 쓰레기를 버리지 않았다고 하였습니다.

핵심어 찾기

4. 사소한 무질서 상태를 내버려 두면 더 큰 범죄와 무질서 상태를 가져올 수 있다는 것을 경고하는 이론을 무엇이라고 하는지 이 글에서 찾아 쓰세요.

(깨진 유리창 이론)

유리창이 깨진 자동차를 거리에 내버려 두면 사람들이 그 지역에는 법과 질서가 지켜지지 않는다고 생각해서 그 자동차를 함부로 망가뜨리게 된다는 이론입니다.

1 낱말 뜻 알기

다음 빈칸에 알맞은 낱말을 〈보기〉에서 찾아 쓰세요.

• 보기 •
공공장소   규칙   이론   무질서

1. (공공장소)에서 시끄럽게 떠들어서는 안 된다.
   뜻 사회 사람 모두가 함께 쓰는 장소.

2. 선수들은 경기 (규칙)을/를 잘 지킬 것을 선서하였다.
   뜻 여러 사람이 다 같이 지켜야 마땅한 것으로 정한 약속이나 법.

3. 그 학자는 오랜 노력 끝에 하나의 (이론)을/를 뽑아놓았다.
   뜻 원리나 이치를 밝히려고 논리에 따라서 세운 틀. 또는 그 틀에 맞추어 정리한 생각.

4. 교통 신호 체계가 마비되자 거리가 (무질서)하게 변했다.
   뜻 질서가 없는 것.

2 관용 표현 알기

( ) 안에서 알맞은 말을 골라 ○표 하세요.

"콧치를 (먹다, 보다, 않다)"

여러 사람이 함께 이용하는 공공장소에 사람들이 함부로 버린 쓰레기가 넘쳐난다면 어떻게 해야 할까요? 이 광고에서는 어떻게 하여야 할지 물러서 머리가 아플 정도로 생각하는 것을 이르는 말이에요.

3 한자어 익히기

다음 한자어를 소리 내어 읽고 빈칸에 따라 써 보세요.

공익(公益): 사회 모든 사람에게 돌아가는 이익.

• 요즘은 공익 광고도 재미있게 만든다.
• 학교, 병원 등은 공익을 위해서야 한다.
• 사람들은 마을의 공익을 위해 서로 협조하기로 했다.

公 공평할 공	益 더할 익
公 공평할 공	益 더할 익

글의 내용 적용하기

5. '깨진 유리창 이론'에 따라 〈보기〉의 문제 상황을 해결할 방법을 알맞게 말하지 못한 친구는 누구인가요? (⑤)

보기

○○ 휴게소는 더러운 공중 화장실 때문에 고민이 많습니다. 여러 사람이 쓰다 보니 금세 지저분해지고, 함부로 쓰레기를 버리게 됩니다. 어떻게 하면 사람들이 공중 화장실을 자기 집처럼 깨끗하게 사용하게 할 수 있을까요?

① 희정: 화장실 안에 화분을 놓아 두면 어떨까?
② 하민: 화장실 안에 휴식 공간을 마련해 두면 어떨까?
③ 정수: 화장실 안에 자연의 소리를 음악을 듣는 건 어떨까?
④ 민지: 화장실 벽에 유명한 화가의 그림을 걸어 두면 어떨까?
⑤ 지선: 화장실을 깨끗하게 사용하자는 정고문을 문에 붙이면 어떨까?

➡ 깨진 유리창 이론에 따르면 사람들은 남과 질서가 지켜지는 상황이라고 인식하면 규칙을 자연스럽게 지키게 됩니다.

인물의 마음 집작하기

6. ㄴ과 ㄷ에서 사람들은 마음속으로 어떤 생각을 했을지 모두 찾아 선으로 알맞게 이으세요.

사람들의 행동	사람들의 생각
㉡ 눈치를 보며 쓰레기를 만지고 지나감.	㉮ '원래는 이곳에 쓰레기가 많이 있었는데 여기에 어울리지 않지. 더럽히면 안 되겠다.'
㉢ 쓰레기를 버렸다가 돌아와서 도로 주워 감.	㉯ '이미 쓰레기가 있는 걸 보니 여기는 쓰레기를 버려도 문제가 없나 봐.'
	㉰ '다른 사람이 버렸으니 나도 버려도 되겠지.'

➡ 깨진 유리창 이론에 따르면 사람들은 남과 질서가 지켜지지 않는 상황이라고 판단되면 규칙을 지키지 않을 가능성이 커지고, 남과 질서가 지켜지는 상황이라면 인식하면 규칙을 자연스럽게 지키게 됩니다.

05회 읽기 방법 익히기

1 생각그물 정리하기

생각그물은 여러 가지 생각을 관련된 것끼리 연결해서 나타내는 것입니다. 문단의 내용을 중심 문장과 뒷받침 문장으로 구분하고 그것을 생각그물로 정리하면 문단의 전체 내용을 쉽게 이해하고 기억할 수 있습니다.

★ 문단의 내용을 생각그물로 정리하려면,

(1) 문단의 중심 문장을 찾습니다.
(2) 중심 문장의 핵심 낱말이나 내용을 생각그물 가운데에 적습니다.
(3) 문단의 뒷받침 문장을 찾습니다.
(4) 뒷받침 문장의 핵심 낱말이나 내용을 생각그물 주변에 연결하여 적습니다.

1 다음 문단을 중심 문장과 뒷받침 문장으로 구분하고, 생각그물로 정리해 보세요.

금강산은 계절에 따라 부르는 이름이 달라집니다. 새싹과 꽃으로 화려하게 뒤덮이는 봄에는 금강산이라 부르고, 봉우리와 계곡에 푸른 잎이 우거지는 여름에는 봉래산이라 부릅니다. 단풍으로 곱게 물드는 가을에는 풍악산이라 부르고, 나뭇잎이 지고 나서 앙상한 바위처럼 뼈대만 드러나는 겨울에는 개골산이라고 부릅니다.

중심 문장	금강산은 계절에 따라 부르는 이름이 달라집니다.
뒷받침 문장 ①	새싹과 꽃으로 화려하게 뒤덮이는 봄에는 금 강 산이라 부르고, 봉우리와 계곡에 푸른 잎이 우거지는 여름에는 봉 래 산 이라 부릅니다.
뒷받침 문장 ②	단풍으로 곱게 물드는 가을에는 풍 악 산이라 부르고, 나뭇잎이 지고 나서 앙상한 바위처럼 뼈대만 드러나는 겨울에는 개 골 산 이라고 부릅니다.

봄에는 금강산
여름에는 봉래산
가을에는 풍악산
겨울에는 개골산
계절에 따라 다르게 부르는 금강산의 이 름

▶ 이 문단에서는 첫 번째 문장이 중심 문장이고, 나머지는 모두 뒷받침 문장입니다. 생각그물의 가운데에는 중심 문장의 핵심 내용을 적습니다. 생각그물의 주변에는 사계절에 따른 금강산의 이름을 각각 적습니다.

2 다음 문단을 중심 문장과 뒷받침 문장으로 구분하고, 생각그물로 정리해 보세요.

우리나라에는 특별한 날을 기념하며 즐기는 다양한 명절이 있습니다. 음력 1월 1일은 새해를 기념하는 설날입니다. 음력 5월 5일은 한 해 풍년을 기원하는 단오입니다. 음력 8월 15일은 그해에 지은 쌀과 과일로 음식을 만들어 먹고 즐기는 추석입니다.

▲ 추석에 먹는 송편

중심 문장	우리나라에는 특별한 날을 기념하며 즐기는 다양한 명절이 있습니다.
뒷받침 문장 ①	음력 1월 1일은 새해를 기념하는 설날입니다.
뒷받침 문장 ②	음력 5월 5일은 한 해 풍년을 기원하는 단오입니다.
뒷받침 문장 ③	음력 8월 15일은 그해에 지은 쌀과 과일로 음식을 만들어 먹고 즐기는 추석입니다.

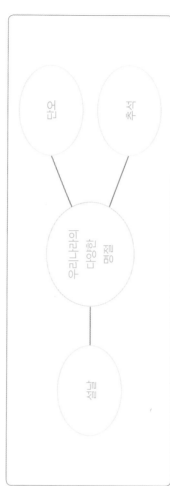

설날
단오
추석
우리나라의 다양한 명절

▶ 이 문단의 중심 문장은 '우리나라에는 특별한 날을 기념하며 즐기는 다양한 명절이 있습니다.'입니다. 이 문장의 핵심 내용은 '우리나라의 다양한 명절'입니다. 그리고 뒷받침 문장은 '음력 1월 1일은 새해를 기념하는 설날입니다.', '음력 5월 5일은 한 해 풍년을 기원하는 단오입니다.', '음력 8월 15일은 그해에 지은 쌀과 과일로 음식을 만들어 먹고 즐기는 추석입니다.'입니다. 이 문장의 핵심 낱말은 '설날', '단오', '추석'입니다.

2 느끼거나 깨달은 점 공유하기

글을 읽으며 자신이 느끼거나 깨달은 점을 다른 사람과 이야기하면 글의 내용을 더욱 풍부하게 이해할 수 있습니다. 자신이 느끼거나 깨달은 점을 글로 쓰거나 그림으로 그려 친구들에게 보여 줄 수도 있습니다. 친구들과 묻고 답하기 놀이를 하거나, 그 글을 함께 읽고 친구에게 읽어 보라고 소개할 수도 있습니다.

★ **글을 읽고 자신이 느끼거나 깨달은 점을 공유하려면,**
(1) 인물이 한 행동을 통해 인물의 마음을 짐작해 봅니다.
(2) 자신이 경험한 일을 떠올려 봅니다.
(3) (1), (2)를 통해 느끼거나 깨달은 점을 다른 사람과 이야기해 봅니다.

1 다음 글을 읽고 느끼거나 깨달은 점을 알맞게 말하지 못한 친구에게 √표 하세요.

공공장소에서 규칙을 지키는 것에 대한 두 가지 재미난 실험이 있습니다. 어느 날, 주택가 골목에 쓰레기가 담긴 검은 봉투 하나를 먼저 놓았습니다. 시간이 지나자 사람들은 눈치를 보며 쓰레기를 던지고 지나갔습니다. 어느덧 깨끗하던 골목이 하나둘씩 쌓이더니 밤새 산더미처럼 쌓이고 말았습니다.

한편, 평소에 사람들이 함부로 버린 쓰레기로 몸살을 앓고 있는 골목을 찾아갔습니다. 쓰레기로 버려지 말라는 경고가 있어도 소용이 없었습니다. 그러다가, 이곳에 있던 쓰레기를 모두 치우고 꽃을 심었습니다. 쓰레기를 버리지 말라는 경고도 치워 버렸습니다. 어떻게 되었을까요? 그날 밤 누군가 쓰레기를 들고 그냥 쓰레기를 버립니다. 그런데 갑자기 돌아와서 버린 쓰레기를 도로 주워 갑니다. 하룻밤이 지났지만 어느 누구도 쓰레기를 버리지 않았습니다.

다연 (√)

"남들이 버린 쓰레기를 치워 주는 분들에게 감사해야 한다는 것을 느꼈어."

현민
"쓰레기를 버리지 말라는 경고보다 꽃을 심는 것이 더 효과적이라는 것을 깨달았어."

지혜
"다른 사람이 쓰레기를 버렸다고 해서 똑같이 버려서는 안 된다는 것을 느꼈어."

▶ 이 글에 쓰레기를 치워 주는 분들에 대한 설명은 나타나 있지 않으므로, 다연이의 말은 이 글을 읽고 느끼거나 깨달은 점으로 알맞지 않습니다.

2 다음 글을 읽고 친구들이 묻고 답하기 놀이를 했습니다. 알맞게 답하지 못한 친구에게 √표 하세요.

호머 헐버트는 23세의 나이로 한국에 와서 우리나라 최초의 근대 교육 기관인 '육영 공원'에서 영어를 가르쳤습니다. 그는 수업을 위해 우리말을 배우다가 한글이 과학적인 문자라는 것을 깨닫고 한글의 우수성을 세계에 알리기 시작했습니다. 그리고 세계 여러 나라의 자연 환경과 문화를 종합적으로 소개한 『사민필지』라는 책을 한글로 써서 학생들에게 가르쳤습니다. 한글로 쓰인 덕분에 남녀노소 누구나 세계 여러 각국의 지리와 문화를 알 수 있게 됐습니다. 이후에 그는 고종의 밀사가 되어서 일본의 위협을 무릅쓰고 을사조약이 무효라는 것을 다른 국가들에게 독립을 위해 알려 애쓰기도 했습니다. 그는 해방 후 80세가 넘어서야 우리나라에 돌아와서 자신이 사랑했던 나라인 한국 땅에 묻혔습니다.

▲ 호머 헐버트

현민
"나는 이번에 호머 헐버트라는 분에 대해 새롭게 알게 된 것이 참 많아. 너희는 호머 헐버트에 대해서 무엇을 새롭게 알게 되었니?"

희재 (√)
"육영 공원에 헐버트 외에도 외국인 선생님이 많이 있었는지 궁금해졌어. 옛날에도 외국인 선생님이 있었다니 신기해."

다연
"헐버트가 『사민필지』라는 책을 한글로 써서 많은 사람이 세계 각국의 지리와 문화를 배울 수 있게 되었어. 참 고마운 분이야."

도연
"헐버트가 우리나라의 독립을 위해서 위험을 무릅쓰고 고종의 밀사로 나서 주었다는 걸 알게 되었어."

지혜
"헐버트가 한국 땅에 묻히길 원했다는 걸 알게 되었어. 그가 진심으로 우리나라를 사랑했었다는 것을 느낄 수 있었어."

▶ 육영 공원에 헐버트 외에도 외국인 선생님이 많이 있었는지는 이 글에 나타나 있지 않습니다. 또한 이 글은 어느 헐버트에 대한 내용이 아닙니다.

사라질 뻔한 에펠탑

이 글의 중심 소재는 **에펠탑**입니다. 에펠탑과 연결해서 **역사, 지리, 과학**을 공부해요. 에펠탑의 탄생과 변화의 역사를 알아보고, 도시 상징물로서 에펠탑의 의미를 살펴보세요.

'파리' 하면 가장 먼저 떠오르는 건축물은 무엇인가요? 아마도 많은 사람이 '에펠탑'을 떠올릴 것입니다. 에펠탑은 1889년 프랑스 혁명* 100주년을 기념하기 위해 지어진 탑으로, 파리에서 가장 높은 건축물입니다. 그래서 파리 시내 곳곳에서 에펠탑의 존재감은 특별합니다. 파리는 전체적으로 평평한 땅에 대부분 오래된 건축물로 이루어진 도시입니다. 그러다 보니 상대적으로 높이가 낮은 기존의 건축물들에 비해 짧은 건축물인 에펠탑은 300미터가 넘는 높이로 도시를 내려다보고 있습니다.

에펠탑은 지금은 매년 800만 명이 넘는 관광객이 찾는, 세계에서 가장 사랑받는 관광 명소이지만, 처음부터 환영받는 존재는 아니었습니다. 건축가 귀스타브 에펠의 이름을 딴 에펠탑은 당시 많은 예술가에게 '쓸모없고 흉측한 탑', '비극적인 가로등' 등의 혹평*을 받았습니다. 파리 시민들 또한 격렬하게 반대하며 불만을 드러냈습니다. 특히 프랑스 소설가 모파상은 에펠탑 안에 있는 식당에서 자주 점심을 먹었는데, 그 이유가 '파리에서 유일하게 에펠탑이 보이지 않기 때문'이었다고 합니다.

원래 에펠탑은 박람회 20년 뒤에 철거될 예정이었습니다. 하지만 1909년 전파 송신탑 기능이 인정되어 철거를 면하게 되었습니다. 그 후 1914년 제1차 세계 대전 당시 독일군의 침략으로 파리가 함락* 일보 직전에 놓이자, 프랑스 정부는 보르도로 피신하면서 에펠탑의 무선 송신기로 독일군의 무선 통신을 방해하였고 결국

▲ 파리에서 가장 높은 건축물인 에펠탑

전쟁에서 승리하게 됩니다. 에펠단지였던 에펠탑이 보물단지가 된 것입니다.

그러나 에펠탑은 제2차 세계 대전 때 또다시 위기를 맞게 됩니다. 제2차 세계 대전 당시 독일은 프랑스를 침공해 1940년 6월부터 파리를 점령했습니다. 그러다 1944년 노르망디 상륙 작전*으로 연합군이 프랑스를 먼저 독일 군을 밀어내기 시작했습니다. 히틀러는 파리를 주둔하고 있던 독일군 사령관 콜티츠에게 에펠탑을 비롯해 루브르 박물관, 노트르담 대성당 등 파리의 주요 건물을 폭파시켜 불태우라고 지시했습니다. 하지만 콜티츠는 '나는 히틀러의 배신자가 되지언정 파리를 불바다로 만들은 인류의 죄인이 될 수는 없다.'며 명령을 거부했습니다. 히틀러가 콜티츠에게 아홉 번이나 전화해서 "파리는 불타고 있는가?"라고 물었을 때, 그는 "그렇다."라고 보고했습니다. 이렇듯 전쟁의 희생양이 되어 사라질 뻔한 에펠탑은 콜티츠 덕분에 다행히 살아남아 오늘날까지 세계 사람의 사랑을 받고 있답니다.

▶ 콜티츠 덕분에 살아남고 있는 에펠탑

* 프랑스 혁명: 1789년부터 1799년까지 프랑스에서 일어난 시민 혁명. 프랑스의 사회·정치·사법 종교적 구조를 크게 바꾸어 놓음.
* 혹평: 가혹하게 비평함. 또는 그런 평.
* 함락: 적의 성, 요새, 진지 따위를 공격하여 무너뜨림.
* 노르망디 상륙 작전: 1944년 6월 6일, 아이젠하워 장군의 지휘 아래 연합군이 노르망디에 상륙하여 성공한 작전. 이 작전의 성공으로 제2차 세계 대전의 결과에 큰 영향을 줌.
* 무선 송신기: 무선으로 전선이나 전파 등을 보내는 기계.

---

1 이 글의 내용으로 알맞지 <u>않은</u> 것은 무엇인가요? (⑤)

① 에펠탑은 히틀러에 의해 파괴될 뻔했다.
② 에펠탑은 파리에서 가장 높은 건축물이다.
③ 에펠탑의 이름은 건축가의 이름을 따서 지어졌다.
④ 에펠탑은 세계적인 관광 명소로 많은 사람이 방문한다.
⑤ 에펠탑은 처음 지어질 당시 파리 시민들의 큰 환영을 받았다.

➡ 에펠탑은 처음 지어질 당시 많은 예술가와 파리 시민들의 반대와 비판을 받았습니다.

2 에펠탑이 위치한 국가와 도시의 이름을 쓰고, 지도에서 해당 국가를 찾아 색칠해 보세요.

프랑스, 파리

➡ 에펠탑은 프랑스 파리에 있는 철탑으로, 파리에서 가장 높은 건축물입니다.

3 에펠탑은 프랑스의 주요 기념일마다 색색의 조명으로 화려하게 빛나는 멋진 모습을 보입니다. 내가 조명 디자이너라면 에펠탑을 어떻게 예쁘게 꾸밀지 직접 표현해 보세요.

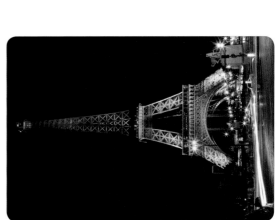

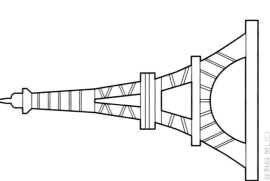

➡ 내가 되고 싶은 문제라이다

4 〈보기〉를 읽고, 미세 먼지에 가려지고 있는 에펠탑을 다시 잘 보기 위해서는 어떤 노력이 필요할지 써 보세요.

─ 보기 ─

미세 먼지로 인한 공기 오염 문제는 우리나라뿐만 아니라 세계 각국 도시가 풀상을 못하고 있는 문제입니다. 프랑스 파리에서도 스모그가 절게 낄 때면 에펠탑이 잘 보이지 않을 정도입니다.

*스모그: 안개와 매연, 미세 먼지가 결합하여 나타나는 대기 오염 현상.

➡ 예) 평소에 대중교통 이용하기, 가까운 거리는 걸어 다니기, 나무 심기, 일회용품 사용 줄이기, 재활용 잘하기, 전기 아껴 쓰기 등의 노력을 한다.
나무 심기, 대중교통 이용하기, 가까운 거리는 걸어 다니기, 재활용 잘하기, 전기 아껴 쓰기, 화석 연료(석탄, 석유, 천연가스) 사용 줄이기 등 자연환경을 보호하고 오염 물질을 배출하지 않는 방법을 생각해 본다.

5 거스타브 에펠은 건축물에 자신의 이름을 붙였습니다. 여러분이 건축가라면 어떤 건축물을 만들어서 자신의 이름을 붙이고 싶은지 그림과 글로 표현해 보세요.

➡ 예) 저는 제 이름을 붙인 ○○튀김을 만들고 싶습니다. 평소에 점프는 이상적인 모습으로 하고
를 짓고 싶어요, 학생들이 즐겁게 공부할 수 있는 멋진 교실이 있고, 친구들과 마음껏 뛰어놀
수 있는 재미있고 안전한 놀이터와 운동장이 있는 학교입니다.
○○탑, ○○타워, ○○하우스, ○○예술관, ○○예술회관, ○○분당, ○○하교, ○○학교, ○○병원, ○○체육관, ○○도서관 등 만들고자 하는 건축물의 용도와 특징이 잘 드러나도록 글과 그림으로 표현해 본다.

ERI 지수 378 사회 | 법

어린이 여러분, 안녕하세요? 오늘은 바로 여러분과 같은 '어린이'에 대해 알아보려고 합니다. 어린이를 보호해야 한다는 생각이 언제 어떻게 퍼지게 되었는지 알아봅시다.

예전에는 '어린이'에 대한 생각이 오늘날과 많이 달랐습니다. ㉠300년 전의 어른들은 아기가 자라서 바로 어른이 된다고 생각했습니다. 마음대로 뛰고 놀 수 있으면 어른이라고 생각했던 것입니다. 어린이는 몸이 작아서 작아진 어른이었습니다. 그래서 어린이를 보살펴야 한다는 생각을 하지 못했습니다. 대신 어린이도 어른처럼 일을 해야 한다고 생각했습니다.

어린이를 교육하고 보살피고 해야 한다는 생각은 기계를 사용하여 기계로 일하게 되면서부터 생겨났습니다. 기계로 물건을 만들게 되면서, 교육을 받은 어린이여야 할 수 있는 일이 많아졌습니다. 그래서 사람들은 어린이는 교육을 받아야 하고, 어른보다 약하다는 것을 깨닫게 되었습니다.

이후, 어린이는 보살핌을 받아 성장해야 한다는 생각이 점차 퍼졌습니다. 1924년에는 유엔(UN)에서 어린이를 보살펴지는 약속을 담은 '아동 권리 헌장'을 발표하였습니다. 이 헌장에는 '어린이는 한 사람의 인간으로 존중받아야 한다.', '튼튼하게 낳아 잘 예정으로 가르쳐야 한다.', '마음껏 놀고 공부할 수 있는 환경을 만들어 주어야 한다.' 등의 내용이 담겨 있습니다.

우리나라에도 ㉡'아동 권리 헌장'이 있습니다. 이 헌장에는 총 9개의 어린이의 권리가 밝혀져 있습니다. 그중 첫 번째 권리는 '아동은 생명을 존중받아야 하며 부모와 가족의 보살핌을 받을 권리가 있다.'입니다. 우리나라 아동 권리 헌장의 내용과 같이 오늘날에는 어린이에 대한 생각이 예전과 많이 달라졌습니다. 어른들은 어린이에 대한 올바른 생각을 갖고 어린이를 보살펴 길러야 합니다. 어른들의 보살핌 속에서 어린이는 어른이 될 준비를 해 나갈 것입니다.

▲ 서울 어린이 대공원에 설치된 1957년 최초 어린이 헌장비

중심 화제 파악하기

1. 이 글은 무엇에 대해 주로 설명하고 있는지 알맞은 것에 ∨표 하세요.

아기 ( )　　어린이 (∨)　　어른 ( )

➡ 이 글은 어린이에 대해 설명하고 있습니다. '아기'와 '어른'은 '어린이'를 설명하기 위해 덧붙여 보조적으로 사용한 것입니다.

문맥 의미 추론하기

2. '어린이'에 ㉠의 생각에 해당하는 것을 모두 골라 ∨표 하세요.

(1) 아기가 자라면 바로 어른이 된다. (∨)
(2) 몸은 작아도 어른보다 약을 정한다. ( )
(3) 마음대로 뛰고 놀 수 있으면 어른처럼 일을 해야 한다. (∨)

➡ 2문단에서 '300년 전의 사람들'이 어린이에 대해 어떻게 생각하였는지 설명하고 있습니다.

확장적 읽기

3. 다음은 ㉡의 일부분입니다. 빈칸에 알맞은 말을 〈보기〉에서 찾아 쓰세요.

아동 권리 헌장

• 아동은 자신이 살아가는 데 필요한 [지][식] 와/과 정보를 알 권리가 있다.
• 아동은 자유롭게 상상하고 도전하며 창의적으로 활동하고 자신의 능력과 소질에 따라 [교][육]을 받을 권리가 있다.
• 아동은 휴식과 여가를 누리며 다양한 놀이와 오락, 문화, 예술 활동에 자유롭고 즐겁게 [참][여]할 권리가 있다.

보기

교육　　보호　　지식　　참여

➡ 어린이의 권리를 밝힌 '아동 권리 헌장'의 일부 헌장을 읽어 본 것입니다. 여러분 문항입니다. 어려운 낱말이 있지만 죽 읽으며 자연스럽게 연결되는 말을 〈보기〉에서 찾아봅니다.

어휘 익히기

1 낱말 뜻 알기

다음 빈칸에 알맞은 낱말을 〈보기〉에서 찾아 쓰세요.

보기 •
교육   헌장   존중   공부

1. 사람들은 서로를 (존중)하며 살아야 한다.
   뜻 높여 받들고 소중하게 여기는 것.

2. 우리나라는 모든 국민이 (교육)을/를 받을 수 있도록 한다.
   뜻 지식이나 기술 같은 것을 가르치고, 사람 됨됨이를 바르게 이끌어 주는 일.

3. 어린이가 스스로 생각하며 (공부)할 수 있도록 해 주어야 한다.
   뜻 지식이나 기술을 배우고 익히는 것.

4. 대한민국 어린이 (헌장)은/는 1957년 5월 5일 어린이날에 발표되었다.
   뜻 어떤 약속을 지키려고 정한 규범.

2 관용 표현 알기

다음 빈칸에 알맞은 말을 쓰세요.

"어린이는 어른의 스승이다"

어린이에게서 어른이 평가를 배울 것이 있을 때 쓰는 말이에요. 어린이의 말이나 행동을 통해서 어른이 깨우침을 얻게 될 때 어른들이 이 말을 하곤 합니다. 어른보다 많이 알지 못하고 부족하지만 어린이가 어른들에게 좋은 영향을 준다는 뜻입니다.

3 한자어 익히기

다음 한자어를 소리 내어 읽고 빈칸에 따라 써 보세요.

權 利
권세 권   이로울 리

권리(權利): 어떤 일을 자기 뜻대로 할 수 있는 당연한 힘이나 자격.
• 사람에게는 교육을 받을 권리가 있다.
• 어린이에게도 보호받고 사랑받을 권리가 있다.
• 모든 국민은 누릴 권리와 지킬 의무를 가지고 있다.

權 利
권세 권   이로울 리

세부 내용 파악하기

4. 다음과 같은 생각이 생겨나게 된 배경으로 알맞은 것은 무엇인가요? (③)

어린이는 어른들의 보살핌과 교육이 필요한 존재이다.

① 어린이의 수가 많이 줄어들었다.
② 어린이의 몸이 예전보다 작아졌다.
③ 기계를 사용하여 물건을 만들게 되었다.
④ 어린이가 어른보다 일을 잘하게 되었다.
⑤ 어린이도 기계를 사용할 줄 알게 되었다.

➡ 3문단에서 어린이를 교육하고 보살펴야 한다는 생각은 기계를 사용하여 일하게 되면서부터 생겨났다고 하였습니다.

내용 교과서

5. 이 글과 〈보기〉에서 공통적으로 말하는 것은 무엇인지 빈칸에 알맞은 말을 이 글에서 찾아 쓰세요.

보기
어린이의 권리를 세계 최초로 발표한 사람은 우리나라의 방정환 선생님입니다. 방정환 선생님은 1923년 5월 1일 어린이날 기념식에서 '어린이날 선언문'을 발표하였습니다. 다음은 '어린이날 선언문'의 일부분입니다.

[어른들에게]
• 어린이를 내려다보지 마시고 치어다보아 주세요.
• 어린이에게 높임말을 쓰시되 늘 부드럽게 하여 주세요.
• 어린이를 혼내실 때에는 성만 내지 마시고 자세하게 타일러 주세요.

↑ 모든 어린이는 [존 중] 받을 권리가 있다.

➡ 이 글의 4, 5문단에서 설명한 '아동 권리 헌장'의 내용에 존중받을 권리, 교육받을 권리 등이 있습니다. 〈보기〉에는 '어린이를 내려다보지 마시고 치어다보아 주세요.', '어린이에게 높임말을 쓰시되 늘 부드럽게 하여 주세요.' 등의 내용이 있으며, 이들은 공통적으로 어린이에게 존중을 말하고 있습니다.

자신의 생각 말하기

6. 다음은 이 글을 읽고 친구들이 보인 반응입니다. 글쓴이의 생각과 일치하는 것에 ✓표 하세요.

(1) 유나: 어린이는 어른들의 보살핌을 받으며 성장해야 해. (✓)
(2) 수현: 어린이도 어른 못지않게 가족을 보살필 수 있구나. ( )
(3) 준호: 마음대로 할 수 있으면 더 이상 어린이가 아니구나. ( )
(4) 지은: 어린이가 빨리 자립하기 위해서는 열심히 일을 준비를 해야 해. ( )

➡ 마지막 문단에서 글쓴이는 어른들의 보살핌 속에서 어린이는 열심히 일을 준비를 해 나간다고 하였습니다.

사회 | 사회 문화

ERI 지수 396

남아메리카의 높은 산맥에는 수백 종류의 감자가 있답니다. 이곳 사람들은 수천 년 전부터 감자를 먹고 살았습니다. 그러나 지구의 다른 지역에는 감자가 전혀 없었습니다.

감자가 (㉠)의 밖으로 알려진 것은 500년밖에 되지 않습니다. 유럽 사람들이 남아메리카에 있을 때 감자를 알게 되었습니다. 이들은 감자를 얻어 와 유럽에 심었습니다.

그런데 ㉡유럽 사람들은 감자를 좋아하지 않았다고 합니다. "모양이 기분 나쁘게 생겼다.", "감자를 만지면 질병에 생긴다."라고 하며 감자를 심어 하지 않았습니다. 이 때문에 유럽 사람들은 굶어 죽어 가면서도 감자를 먹지 않았다고 합니다.

감자에 대한 이런 편견은 오랫동안 이어졌습니다. 그러다가 200년이나 지났을 때, 비로소 감자를 심는 일이 생겼습니다. 감자를 심은 밭에 앉에 된 왕이 났는데 구워진 감자에서 맛있는 냄새가 났다고 합니다. 또 ㉢감자의 가치를 일게 된 왕이 매일 감자 먹는 모습을 일부러 보여 주며, 사람들의 잘못된 생각을 바꾸려 노력했다고 합니다. 그 결과 많은 사람이 감자를 먹기 시작하였습니다.

오늘날 감자는 전 세계에 알려졌고, 수많은 사람이 좋아합니다. 감자로 만든 요리의 수는 헤아릴 수 없을 정도로 많습니다. 그러나 감자는 여유한 이유로 한때 버림받았던 식품입니다.

우리 주변에 감자처럼 억울한 이유로 외면당하는 것이 없는지 살펴봅시다.

▲ 감자의 전파 경로

↑ 유럽에 전해진 감자

내용 파악하기

1. 이 글의 내용으로 알맞으면 ○표, 알맞지 않으면 X표 하세요.

(1) 감자는 수천 년 전부터 식량으로 쓰였다. (○)

(2) 감자는 유럽에서 남아메리카로 전해졌다. (X)

(3) 오늘날에는 감자로 만든 요리가 무척 많다. (○)

→ 글에서 설명한 내용을 정확하게 이해했는지 알아보는 문항입니다. 2문단에서 유럽 사람들이 남아메리카에 갔을 때 감자를 알게 되었고, 이들이 감자를 얻어 와 유럽에 심었다는 내용을 통해 감자가 남아메리카가 바깥으로 알려지게 되었다는 것을 알 수 있습니다.

생략된 내용 짐작하기

2. ㉠에 들어갈 말로 알맞은 것은 무엇인가요? (⑤)

① 미국   ② 유럽   ③ 지구

④ 우리나라   ⑤ 남아메리카

→ 유럽 사람들이 남아메리카에 갔을 때 감자를 알게 되었고, 이들이 감자를 얻어 와 유럽에 심었다는 내용을 통해 감자가 남아메리카가 바깥으로 알려지게 되었다는 것을 알 수 있습니다.

글쓴이의 생각 평가하기

3. ㉡의 이유와 이를 바로잡기 위한 말을 선으로 알맞게 이으세요.

	㉡의 이유		바로잡기 위한 말
(1)	모양이 기분 나쁘게 생겼다.	㉮	감자가 질병을 옮긴다는 것은 과학적으로 밝혀지지 않았어.
(2)	미개한 사람들이 먹는 것이다.	㉯	사물의 모양은 각각의 특징에 따라 생긴 거야.
(3)	감자를 만지면 질병에 걸린다.	㉰	사람은 누구나 온화한 존재야.

→ 글에서 말한 내용을 이해하고, 글의 내용을 토대로 감자에 가져왔던 편견으로 편견들을 해석해야 합니다.

어휘 익히기

① ⓒ의 뜻으로 알맞은 것에 V표 하세요.

4.

(1) 감자는 먹어도 되는 안전한 식품이다.

(2) 감자는 수많은 사람이 좋아하는 식품이다.

(3) 감자는 질병을 일으키는 미개인된 식품이다.

> 4문단에서 감자에 얽이 감자 먹는 모습을 매일 보여 주었다고 하였는데, 그것은 사람들에게 감자를 먹어도 된다는 것을 가르쳐 주기 위한 것이었습니다. 이것은 4문단의 '사람들의 잘못된 생각을 바꾸어 노력했다'는 표현에서도 짐작할 수 있습니다.

[문제의 의미 추론하기]

5. '감자는 억울해'와 바꿔 쓸 수 있는 이 글의 제목을 만들려고 합니다. 빈칸에 알맞은 낱말을 〈보기〉에서 찾아 쓰세요.

보기
정험   편견   상상

↑

감자는 억울해   →   감자에 대한 [편][견]

> 감자에 대한 유럽 사람들의 잘못된 생각 때문에 감자는 한때 억울하게 버림받았습니다. 〈보기〉에서 '잘못된 생각'
> 이라는 뜻을 가진 낱말을 찾아보세요.

[시사점 추론하기]

6. 이 글을 읽고 새롭게 배울 점을 생각해 보았습니다. 가장 알맞은 생각을 한 친구는 누구인가요? (③)

① 경희: 사람들이 좋아하지 않는 식품을 좋아하게 만들어야 해.

② 태호: 모든 식물은 안전하게 먹을 수 있다는 것을 깨달아야 해.

③ 서윤: 우리가 편견으로 잘못 알고 있는 것은 없는지 생각해 봐야 해.

④ 한석: 높은 산에에서 나는 식품은 건강에 좋다는 것을 알아 두어야 해.

⑤ 강현: 감자는 사람들의 궁주림을 해결해 줄 수 있는 가장 좋은 농작물이야.

> 이 글이 시사하는 교훈은 '잘못된 생각으로 억울한 것을 만들지 말자.' 또는 '편견 없이 대상을 보고, 그 가치를 제
> 대로 알아볼 수 있어야 한다.' 등이 될 수 있습니다. 편견과 오해를 통해 우리가 배우게 될 것은, 편견으로 잘못 알아서 그
> 가치를 제대로 보지 못하는 것은 없는지 살펴보는 일입니다.

---

1 낱말 뜻 알기

다음 빈칸에 알맞은 낱말을 〈보기〉에서 찾아 쓰세요.

보기
미개   질병   억울   외면

1. 다투었다고 친구를 (외면)해서는 안 돼.
   > 뜻 마주 보기 싫어서 피하거나 얼굴을 돌리는 것.

2. 정글 속에 산다고 해서 (미개)한 사람인 것은 아니다.
   > 뜻 문명이 발달하지 못하여 사는 수준이 낮음.

3. 공부는 열심히 인해도 꾸중만 들어 (억울)한 생각이 들었다.
   > 뜻 아무 잘못 없이 꾸중을 듣거나 벌을 받거나 하여 분하고 답답함.

4. 바이러스가 퍼져 생기는 (질병)(으)로 전 세계 사람들이 고통받았다.
   > 뜻 몸과 마음에 생기는 온갖 병.

2 관용 표현 알기

다음 빈칸에 알맞은 말을 쓰세요.

"입은 비뚤어져도 [말]은 바로 해라"

상황이 어떻든지 않은 언제나 바르게 하여야 하며 이르는 말입니다. 우리는 상황에 따라 말의 내용을 바꾸거나 판단을 잘못하여 말하기가 쉽습니다. 그러나 항상 정확하게 말하고, 올바른 판단으로 말해야 함을 강조하는 속담입니다.

3 한자어 익히기

다음 한자어를 소리 내어 읽고 빈칸에 따라 써 보세요.

식품(食品): 사람이 평소에 먹는 음식물.

· 식품의 종류가 매우 많다.

· 여름에는 식품이 변하지 않도록 잘 보관해야 한다.

· 건강하게 자라기 위해서는 여러 가지 식품을 골고루 먹어야 한다.

食	品
먹을 식	물건 품

食	品
먹을 식	물건 품

66 (ERI 지수 447 · 사회 | 정치)

쓰레기를 환영하는 곳은 없습니다. 자기 동네에 쓰레기가 들어오는 것은 누구나 싫어합니다. 쓰레기는 해마다 늘어나는데 쓰레기를 처리할 곳이 없어 문제입니다.

쓰레기를 처리하는 방법은 두 가지입니다. 하나는 땅에 묻는 것이고, 다른 하나는 태우는 것입니다. 이 중에서 더 간단한 방법은 태우는 것입니다. 쓰레기를 묻으려면 장소가 필요하기 때문입니다. 그래서 쓰레기를 태우는 ⑤소각장을 짓습니다.

그런데 쓰레기를 태울 때도 문제가 있습니다. 쓰레기를 태우면 ◎독성 물질이 나옵니다. 쓰레기가 등에 이런 것들을 태우면 연기와 함께 건강에 해로운 ◎독성 물질이 나온다고 하니 주민들은 쓰레기 소각장을 더 싫어합니다.

그럼 쓰레기 소각장을 어떻게 지어야 할까요? 쓰레기 소각장을 만들려면, 무엇보다 쓰레기를 태울 때 연기나 독성 물질이 나오지 않게 해야 하는 기술을 써야 합니다. 그래서 주민들에게 독성 물질로 인한 피해를 주지 않아야 합니다. 또한 쓰레기가 들어오더라도 환경을 깨끗하게 하여, 누구나 기분 좋은 ◎쾌적한 곳이 되도록 해야 합니다.

지금은 기술이 발달하여 연기와 독성 물질이 거의 나오지 않는 시설을 지을 수 있습니다. 표 소각장에 주민 편의 시설도 만들어졌습니다. 쓰레기 소각장의 굴뚝이 있는 곳에는 전망대가 있어서 ◎지역의 풍경을 볼 수 있습니다. 쓰레기가 보이거나 냄새나지 않게 깨끗한 시설을 만들 수 있습니다. 쓰레기 소각장에 주민 편의 시설을 만들었습니다. 쓰레기 소각장의 열로 주변 지역에 난방을 할 수 있게 했습니다. 싼 비용으로 겨울에 집을 따뜻하게 할 수 있는 것입니다. 물론 쓰레기 냄새도 나지 않고, 쓰레기 소각장인지 모를 정도로 주변 환경이 깔끔해 ◎청결도 좋습니다.

그래서 이곳은 지역 주민과 관광객이 모두 즐겨 찾는 지역 명소가 되었습니다. 이제는 모두가 싫어했던 쓰레기 소각장이 오히려 모두가 좋아하는 곳이 된 것입니다.

▲ ○○시의 쓰레기 소각장과 타워

67

세부 내용 파악하기

1. 쓰레기를 처리하는 방법에 대한 설명으로 알맞으면 ○표, 알맞지 않으면 ✕표 하세요.

(1) 쓰레기를 땅에 묻는 방법과 태우는 방법이 있다. (○)
(2) 쓰레기를 태우면 모든 쓰레기를 완벽하게 없앨 수 있다. (✕)
(3) 태우는 방법은 묻는 방법에 비해 더 넓은 장소를 필요로 한다. (✕)

→ 2문단에서 쓰레기를 처리하는 두 가지 방법에 대해 설명하고 있습니다. 각각의 방법이 어떤 특성을 지니고 있는지 살펴봅니다.

낱말 뜻 짐작하기

2. 문맥을 단서로 ⑤~◎의 뜻을 짐작한 것으로 알맞지 않은 것은 무엇인가요? (③)

① ⑤: 태우는 곳
② ◎: 건강에 해로운 성분
③ ◎: 반갑게 맞이하게
④ ◎: 기분이 상쾌하고 즐거운
⑤ ◎: 지역의 풍경

→ 문맥을 단서로 여러운 낱말의 뜻을 짐작해 봅니다. 단서는 주로 꾸며 주는 말이나, 같은 뜻을 다른 말로 설명하는 중 독하는 내용 등에 있습니다. 앞에 있는 '독성 물질'까지 나온다고 하니 다른 내용을 볼 때, 주민들이 쓰레기 소각장을 싫어한다고 짐작할 수 있습니다. 따라서 ◎은 '싫어하며 대신 ...'하는 것을 알 수 있습니다.

내용 파악하기

3. 이 글에서 쓰레기 소각장 문제를 해결한 방법은 무엇인가요? (⑤)

① 쓰레기를 태우는 대신 땅속에 묻었다.
② 주민들이 살지 않는 외딴곳에 쓰레기 소각장을 만들었다.
③ 쓰레기를 집에서부터 줄이도록 모든 가정에 알림장을 보냈다.
④ 쓰레기 소각장에서 독성 물질이 나오지 않는 쓰레기만 태우도록 하였다.
⑤ 주민들이 쓰레기 소각장으로 겪을 피해를 줄이고 대신 혜택을 만들어 주었다.

→ 글의 끝까지 읽어 보면 글이 앞부분에서 제시한 쓰레기 소각장 문제를 재시하고 소각장 주민들이 피해를 줄이고 대신 혜택을 만들어 주는 방법으로 해결하였으므로 ⑤가 해결한 방법임을 알 수 있습니다.

사전식 추론하기

4. 다음은 이 글을 읽고 지역 문제를 해결하기 위한 방법을 정리한 것입니다. ( ) 안에서 알맞은 낱말을 골라 ○표 하세요.

지역 문제를 해결하기 위해서는 주민들과 지역 사회 모두에게 (이익, 피해)이/가 생기는 방법을 찾아야 합니다. 주민들의 피해를 최대한 (늘려야, 줄여야) 하고, 주민들이 피해를 입을 때는 다른 이익을 얻을 수 (있도록, 없도록) 해야 합니다.

→ 이 글의 1~3문단에서 지역의 문제를 제시하고, 4~5문단에서 해결책을 제시하는 내용으로 구성되어 있습니다. 4~5문단의 내용에서 지역 문제를 해결한 방법을 찾습니다.

어휘 익히기

1 낱말 뜻 알기

다음 빈칸에 알맞은 낱말을 〈보기〉에서 찾아 쓰세요.

보기
소각   기피하게   쾌적한   편의

1. 논밭에 남아 있던 찌꺼기를 (소각)했다.
   뜻 불에 태워 없애는 것.

2. 나이가 들수록 매운 음식을 (기피하게) 되었다.
   뜻 꺼리거나 싫어하여 피하는 것.

3. 오랜만에 방 청소를 하고 나니 (쾌적한) 기분이 들었다.
   뜻 기분이 상쾌하고 즐거운.

4. 우리 동네에는 병원, 미용실, 마트, 편의점, 세탁소 등의 (편의) 시설이 많다.
   뜻 어떤 일을 하기 편한 것.

2 관용 표현 알기

다음 빈칸에 알맞은 말을 쓰세요.

"[머][리]를 맞대다"

서로 마주하여 어떤 일을 의논하거나 결정하기 위해 노력하는 것을 비유적으로 이르는 말이에요. 아무리 어려운 문제를 맞대고 머리를 맞대고 애쓰면 쉽게 해결될 거예요.

3 한자어 익히기

다음 한자어를 소리 내어 읽고 빈칸에 따라 써 보세요.

解 풀 해   決 결단할 결

해결(解決): 어려운 일이나 문제를 풀어 잘 처리하는 것
- 여러 사람의 노력으로 범죄 사건이 해결되었다.
- 어려운 과학 문제를 해결할 수 있는 방법을 찾아보자.
- 친구 간에 생긴 문제의 해결은 당사자가 직접 해야 한다.

解 풀 해   決 결단할 결

제목의 의미 추론하기

5. 이 글의 제목 '타워인가 굴뚝인가?'의 뜻과 그 이유로 알맞은 것에 각각 V표 하세요.

(1) 뜻
① 타워를 굴뚝 모양으로 만들어 이상하다는 뜻이다. ( )
② 굴뚝이 있는 곳에 타워를 만들어 멋진 곳이 되었다는 뜻이다. ( )
③ 굴뚝을 만들어야 했는데 전망대가 있는 타워로 잘못 만들어서 실패했다는 뜻이다. (V)

(2) 그 이유
① 전망대가 있는 타워인지, 쓰레기 소각장 굴뚝인지를 잘 구별해야 한다고 가르쳐 주고 있는 글이기 때문이다. ( )
② 쓰레기 소각장에 전망대가 있는 타워를 만들어, 쓰레기 소각장 문제를 잘 해결하였다고 칭찬하는 글이기 때문이다. (V)

제목은 인상적인 내용을 짧게 말하면서 중시 내용을 생각하게 시사합니다. '굴뚝'과 '타워'를 말하고 있는 5문단의 내용을 이 해하고, 글 전체에서 말하고자 하는 중시 내용을 생각하여 답을 찾아냅니다.

글쓴이의 생각 평가하기

6. 이 글에 제시된 해결책을 참고하여, 〈보기〉의 문제를 해결하는 데에 바람직한 의견을 제시한 사람을 모두 골라 V표 하세요.

보기

우리 마을 옆에 노인 요양 병원이 생긴다고 합니다. 노인 요양 병원이 생기면 연세가 많은 어르신들이 우리 마을로 신체를 옮수 있어 마을 사람들이 더 조심해야 하는 불편함이 생긴다고 합니다. 이에 우리 마을 사람들이 모여 요양 병원 건설 반대 운동을 하였습니다.

요양 병원을 지으려는 사람들은 '내 땅에 짓는 것이므로 문제가 없다'고 하였습니다. 그러나 우리 마을 사람들이 반대를 하자, 요양 병원을 지으려는 사람들은 병원에 넓은 정원을 만들어 마을 사람들도 쓸 수 있게 하겠다고 하였습니다. 이에 우리 마을 사람들이 다시 회의를 하였습니다.

(1) 바다감 씨: 요양 병원 환자가 우리 마을로 마을 신체를 옮수 있지만, 우리 마을 사람도 병원의 정원을 사용할 수 있기 때문에 서로 이야이 되어 좋습니다. ( )
(2) 나대로 씨: 우리 마을과 요양 병원 사이에 병이 생겨 병원 신체를 옮수 있어에 응답하로 좋습니다. 서로 오고가지 못하게 하면, 불편함 때문에 요양 병원을 짓지 못하게 될 것입니다. (V)
(3) 이인찬 씨: 요양 병원에 오는 사람들이 식사를 할 수 있도록 우리 마을에서 식당을 만들어 운영합시다. 그 식당에서 도움 받아 마을을 위해 쓰면 마을도 더 좋아질 수 있습니다. (V)

도움이 되는 도움이 되는 것을 만들어 문제를 해결한 것을 보여 줍니다. '마을 사람들과 새로운 요양 병원에 모두 이 글은 서로 도움이 되는 방법으로 문제를 해결하는 의견을 골라 냅니다.

왼쪽 지문

ERI 지수 394 사회 | 경제

시장의 모습은 달라졌습니다. 시장에서 물건을 두고 파는 것이 아니다. 온라인에서 물건을 팝니다.

컴퓨터가 인터넷에 연결되어 있는 것 또는 어떤 일이 인터넷에서 이루어지는 것

시장에서보다 온라인에서 파는 물건이 갈수록 더 많아지고 있습니다.

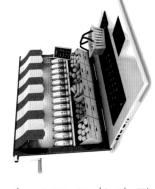

온라인 시장은 인터넷에서 물건을 팔고 사도록 만든 좋은 시장입니다. 파는 사람은 물건을 사진으로 보여 줍니다. 필요한 설명도 해 좋습니다. 사진과 설명이 실제의 물건을 대신하는 셈입니다.
→ 규모가 커지고 있는 온라인 시장

온라인 시장에서 물건을 사는 사람은 사진과 설명을 보고 실제의 물건을 보는 것과 달리, 온라인에서는 물건의 크기나 품질 등을 얼기가 어렵습니다. 그래서 사는 사람들이 경험을 적어 놓아 보는 것이 좋습니다.
→ 온라인 시장의 장점 (돗자 특성)

물건의 성질과 바탕

온라인 시장은 물건에 대해 설명한 글을 자세히 읽어 보는 것이 좋습니다.
→ 온라인 시장에서 물건을 살 때 주의할 점

자기 물건을 온라인에 소개해 놓고 팔 수 있는 시장이 있습니다. ㉠누구나 팔 수 있는 온라인 시장'은 야간의 돈을 내면 누구든지 자기 물건을 팔 수 있는 곳입니다. 공장에서 생산된 물건뿐만 아니라, 집에서 만든 것도 팔 수 있습니다. 이런 곳에는 온갖 물건이 있습니다. 시장보다 값이 싼 물건도 많습니다. 하지만 물건의 품질을 믿고 사기가 어렵습니다.
→ 온라인 시장의 종류 1 – 누구나 팔 수 있는 온라인 시장

그리고 기업*이 물건을 정해 두고서, 그 물건을 온라인에서 파는 시장이 있습니다. '기업이 운영하는 온라인 시장'입니다. 여기에서는 그 기업과 계약*을 맺은 사람들만 물건을 팔 수 있습니다. 그렇기 때문에 누구나 팔 수 있는 온라인 시장처럼 물건이 다양하지는 않습니다. 반면 기업이 책임을 지기 때문에 물건의 품질 검사가 이루어진다는 장점이 있습니다.
→ 온라인 시장의 종류 2 – 기업이 운영하는 온라인 시장

*기업: 돈을 벌려고 물건을 만들거나, 팔거나, 도와주는 여러 가지 일을 하는 단체.
*계약: 서로 어떤 일을 어떻게 하기로 말이나 글로 약속하는 것.

오른쪽 문제

① 중심 화제 파악하기

1. 이 글에서 다루고 있는 중심 화제는 무엇인가요? (②)

① 인터넷
② 온라인 시장
③ 기업의 종류
④ 물건의 품질 검사
⑤ 공장에서 생산된 물건

→ 이 글은 새로운 시장에 대해 설명하고 있습니다. 여기에서는 '온라인 시장'이 중심 화제로서 가장 중요한 설명 대상입니다.

세부 내용 파악하기

2. 온라인 시장에서 물건을 살 때 지녀야 할 태도로 알맞으면 ○표, 알맞지 않으면 ✕표 하세요.

(1) 물건의 크기와 품질을 설명한 글을 자세히 읽는다. (○)
(2) 물건을 먼저 사서 써 본 사람들의 경험을 읽어 본다. (○)
(3) 물건의 사진이 잘 나왔는지를 보고 물건을 살지 말지를 결정한다. (✕)
(4) 비싼수록 좋은 상품일 것이라 생각하고 가장 비싼 것을 골라 산다. (✕)

→ 2문단에서 온라인 시장에 대해 설명하고 있으며, 3문단에서는 온라인 시장에서 물건을 사는 사람이 주의해야 할 점을 설명하고 있습니다. 설명된 내용 하나하나를 정확하게 이해하며 파악해야 합니다.

세부 내용 파악하기

3. 다음은 ㉠의 장점과 단점을 정리한 것입니다. 빈칸에 알맞은 말을 <보기>에서 찾아 기호를 쓰세요.

장점	단점
• 누구든지 자기 물건을 팔 수 있다. • (㉮) • 시장보다 값이 싼 물건도 많다.	(㉲)

<보기>
㉮ 물건이 매우 다양하다.
㉯ 좋은 품질의 물건이 많다.
㉰ 집에서 만든 물건은 팔 수 없다.
㉱ 물건의 품질을 자세히 알기 어렵다.

→ 4문단에서 '누구나 팔 수 있는 온라인 시장'에 대해 설명하고 있습니다. 각 문장에서 설명하는 내용 하나하나를 장점과 단점으로 나누어 정리해 봅니다.

1 낱말 뜻 알기
다음 빈칸에 알맞은 낱말을 〈보기〉에서 찾아 쓰세요.

보기
온라인   품질   운영   반면

1. 나는 집에서 (온라인) 수업을 받았다.
   뜻 컴퓨터가 인터넷에 연결되어 있는 것. 또는 어떤 일이 인터넷에서 이루어지는 것.

2. 공공 도서관은 나라에서 (운영)한다.
   뜻 회사, 조직, 단체 등을 관리하고 말아서 이끌어 가는 것.

3. 재료가 좋아야 완성된 물건의 (품질)이 좋다.
   뜻 물건의 성질과 바탕.

4. 나는 매운 것을 좋아하는 (반면) 채우는 좋아하지 않는다.
   뜻 앞의 사실과는 반대로, 또는 다른 면으로는.

2 관용 표현 알기
다음 빈칸에 알맞은 말을 쓰세요.

"제주는 [시] [장]에 가도 못 산다"

사람이 제주나 육지를 도구로 살 수 있는 것이 아니고, 스스로 배우고 익혀야만 기를 수 있다는 말이에요. 아무리 돈이 많은 것을 파는 시장이라 하더라도, 사람의 재주나 능력을 파는 곳은 없으니까요.

3 한자어 익히기
다음 한자어를 소리 내어 읽고 빈칸에 따라 써 보세요.

市	場
시장 시	마당 장

시장(市場): 여러 사람이 모여서 물건이나 곡식 같은 것을 사고파는 곳.
• 텃밭에서 기른 채소를 시장에 내다 팔았다.
• 나는 오늘 시장에 심부름을 가서 저녁 반찬거리를 사 왔다.
• 장난감이 시장 경쟁이 심해져서 새로운 상품이 빠르게 만들어지고 있다.

市	場
시장 시	마당 장

제목의 의미 추론하기
4. 이 글의 제목 '물건 없는 시장'의 뜻으로 가장 알맞은 것은 무엇인가요? (②)
① 팔 물건을 준비해 놓지 않는 시장
② 손으로 실제 물건을 만져 볼 수 없는 온라인 시장
③ 팔려고 소개해 놓은 물건이 전혀 없는 온라인 시장
④ 기업이 모든 상품을 다 사들여서 남은 물건이 없는 시장
⑤ 장사가 잘되어서 모든 물건을 다 팔고 남은 물건이 없는 시장

➡ 이 글이 관심 대상은 온라인 시장으로서, 글 전반에서 온라인 시장의 특징에 대해 설명하고 있습니다. 따라서 제목의 '물건 없는 온라인 시장'의 특성을 설명하는 앞으로, '손으로 실제 물건을 먼저 살 수 없는' 이라는 뜻입니다.

중심 내용 파악하기
5. 이 글의 특징으로 알맞은 것은 무엇인가요? (②)
① 전통 시장의 문제점을 말하고 있다.
② 새로운 시장과 그 종류를 설명하고 있다.
③ 온라인 시장의 좋은 점을 광고하고 있다.
④ 전통 시장을 살려야 함을 강조하고 있다.
⑤ 온라인 시장을 많이 이용할 것을 주장하고 있다.

➡ 이 글은 중심 내용과 함께 글의 종류를 묻고 있습니다. 중심 내용은 온라인 시장에 팔고 있고, 이 글이 종류는 설명문입니다. 여기서 '온라인 시장'은 이전의 시장과는 다르므로 '새로운 시장'이라는 표현을 사용할 수 있습니다. 따라서 새로운 시장과 그 종류를 설명하고 있다는 것이 이 글의 특징을 정확히 파악한 것입니다.

글의 내용 적용하기
6. 내가 온라인 시장에 물건을 파는 사람이 되었다고 가정하고, 다음 질문에 답해 보세요.

질문	대답
자신이 가진 물건 중 온라인 시장에 팔고 싶은 것은 무엇인가요?	예) 저는 (위인전 30권)을/를 팔고 싶어요.
그 물건의 특징은 무엇이고, 가격은 얼마인가요?	예) 세종 대왕, 이순신 장군 등 우리나라의 위인뿐만 아니라 나이팅게일, 에디슨 등 외국의 유명한 위인들도 많이 있어요. 다른 책을 사 보기 위해 가격은 30권 모두 합해서 10,000원에 팔고 싶어요.

➡ 글에서 이해한 것을 바탕으로 온라인 시장에서 사람들이 물건을 파는 사람의 입장이 되어 자신의 생각을 자유롭게 적어 봅니다. 글 내용과 연관 지어 질문 내용을 생각해 봅니다.

05회 읽기 방법 익히기

1 자신의 생각 말하기

글에 대한 자신의 생각을 말하는 것은 글을 읽고 알게 된 내용을 나에게 맞게 정리할 수 있는 좋은 방법입니다. 글을 읽고 난 후 글 내용을 정리하고, 정리한 글 내용에 대해 느끼거나 생각한 것을 말해 보는 것이 좋습니다. 더 읽고 싶은 것을 생각해서 말해도 좋습니다.

★ 글에 대한 자신의 생각을 말하려면,
(1) 글에서 설명하는 내용을 정리해 봅니다.
(2) 글에서 설명한 내용에 대한 자신의 생각을 하나씩 적어 봅니다.
(3) 글 내용에 대한 자신의 생각을 정리하여 알맞은 표현으로 말해 봅니다.
(4) 더 알고 싶은 것이 있는지 생각해서 말해 봅니다.

1 다음 글에서 경험한 것에 대한 느낌이나 생각을 쓴 낱말이나 문장을 찾아 밑줄을 그으세요.

> 오늘 스마트폰 앱으로 떡볶이를 주문했다. 40분쯤 뒤에 떡볶이가 배달되어 왔을 때는 신기했다. 이전에는 가서 사 와야 했었는데…… 참 편리하다. 다른 주문도 해 보고 싶다. 앞으로도 자주 이용할 것 같다.

➡ 느낌이나 생각을 표현한 곳을 찾아봅니다. '신기했다.', '참 편리하다.', '다른 주문도 해 보고 싶다.', '앞으로도 자주 이용할 것 같다.' 등이 느낌이나 생각을 표현한 것입니다.

2 다음 글을 읽고 궁금한 내용이나 더 알고 싶은 내용을 생각하여 써 보세요.

> 2011년 일본 동쪽에서 일어난 지진으로 거대한 파도인 쓰나미가 생겼다. 쓰나미는 사람들이 사는 육지를 덮쳤다. 원자력 발전소도 피해를 입었다.
> 원자력 발전소의 피해는 엄청난 결과를 낳았다. 생물에 큰 피해를 입히는 방사능이라는 물질이 원자력 발전소에서 새어 나왔기 때문이다. 방사능 때문에 이상한 동물이 생겨났다. 이런 문제를 알리려고 노력하는 사람들이 있다. 그러나 이런 활동을 못 하게 막는 사람들도 있다. 이런 내용이 알려지면 사람들이 불안해할 것이기 때문이다.

예 이상한 모습의 동식물이 생겨나는 것이 걱정스럽다. 이런 문제가 알려지는 것이 옳다고 생각한다. 이런 문제를 알리려고 노력하는 사람들이 어떤 일들을 하고 있는지 알고 싶다.

➡ 글의 어떤 내용인지, 읽은 후 관심이 생기고 생각이 커지는 것을 자유롭게 써 봅니다.

---

3 다음 글을 읽고 물음에 답하세요.

> 화색 벽이 도화지가 되었다.
>
> 불안한 듯 서 있던 집들이 한 폭의 그림이 되었다.
> 좁은 골목길이 아름다운 예술 작품 전시장이 되었다.
>
> 예쁜 그림이 가득한 골목을 본 적이 있을 것이다. 예전에는 언제나 다닥다닥 지은 집들이 가득한 곳이 있었다. 그 집들은 화색으로 어둡고 초라해 보였다.
> ㉠이느 날, 누군가 찾아와 이 마을에 그림을 그리기 시작했다. 집 담벼락에 커다란 해바라기를 그렸다. 다음 날엔 빨간 장미꽃을 그려 놓았다. 이렇게 날마다 예쁜 그림들이 마을에 생겨나기 시작했다.
>
> 이 모습을 본 사람들이 하나둘씩 모여, 더 많은 그림을 그리기 시작했다. 마을에 바다가 그려지고, 파란 하늘과 구름도 그려졌다. 화색빛의 어둡던 마을이 어느새 화사한 그림 속의 마을이 되었다.
>
> 이 이야기가 알려지면서, 그림을 그리는 마을에 하나둘씩 놀러 왔다. 곳곳에서 화색의 벽이 알록달록한 그림으로 바뀌었다. 정부에서도 그림 그리기를 지원해 주기 시작했다.
> 작은 시작이 커다란 변화를 만들어 내었다.

(1) ㉠으로 인해 나타난 마을의 변화를 다음과 같이 정리할 때, 빈칸에 알맞은 말을 이 글에서 찾아 쓰세요.

㉠ 이전	→	㉠ 이후
화색빛이 어둡고 초라한 마을		화사한 그림 속의 마을

➡ 누군가가 그림을 그린 이후 마을이 어떻게 달라졌는지 글의 내용을 잘 살펴봅니다.

(2) 이 글에서 글쓴이의 중심 생각이 나타난 문장을 찾아 쓰세요.

작은 시작이 커다란 변화를 만들어 내었다.

➡ 이 글의 중심 생각은 글의 마지막 부분에 있는 '작은 시작이 커다란 변화를 만들어 내었다.'입니다.

(3) 이 글의 중심 생각에 대한 나의 생각을 한 문장으로 써 보세요.

예 글쓴이의 중심 생각에 대한 자신의 느낌이나 생각을 자유롭게 써 봅니다.

2 다음 글을 읽고 물음에 답하세요.

사람들은 서로 떨어져 삽니다. 그래서 멀리 사는 사람끼리 생각을 주고받을 필요를 느낍니다. 이런 사람들이 멀리서 생각을 주고받을 수 있게 도와주는 것이 통신 수단입니다.

예전에는 사람이 소식을 전했습니다. 심부름하는 사람이 편지를 가지고 가거나 말을 전해 주었습니다. 그러다가 전화가 발명되면서 전화가 통신 수단이 되었습니다.

전화는 먼 곳에 있는 사람들이 직접 대화할 수 있게 해 주는 멋진 통신 수단이 되었습니다. 요즘의 통신 수단은 다양합니다. 전화만이 아니라 이메일과 누리 소통망(SNS)으로 쉽게 통신할 수 있습니다. 이메일은 인터넷을 통해 서로의 생각을 글로 써서 주고받는 통신 수단입니다.

미래에 우리는 어떤 통신 수단을 쓰고 있을까요? 생각에서 생각을 바로 주고받는 텔레파시를 쓰고 있지는 않을까요? 텔레파시에 대한 연구가 많이 이루어지고 있습니다. 미래의 통신 수단을 기대해 봅니다.

(1) 이 글의 밑줄 친 말 중 '통신 수단'의 뜻을 알 수 있는 단서가 아닌 것은 무엇인가요? (⑤)

① 멀리서 생각을 주고받을 수 있게 도와주는 것
② 사람들이 직접 대화할 수 있게 해 주는
③ 서로의 생각을 글로 써서 주고받는
④ 서로 짧게 글을 써 주고받는
⑤ 텔레파시에 대한 연구가 많이 이루어지는

'멀리서 생각을 주고받을 수 있게 도와주는 것', '사람들이 직접 대화할 수 있게 해 주는', '서로의 생각을 글로 써서 주고받는', '서로 짧게 글을 써 주고받는' 등을 통해 '통신 수단'의 뜻을 짐작할 수 있습니다.

(2) 이 글에서 '텔레파시'의 뜻을 알 수 있는 단서가 되는 말을 찾아 쓰세요.

생각에서 생각을 바로 주고받는

텔레파시를 꾸미는 앞에 단서가 있습니다.

---

2 낱말 뜻 짐작하기

글에 모르는 낱말이 있을 때, 그 앞뒤에 있는 다른 말을 사용해서 모르는 낱말의 뜻을 짐작할 수 있습니다. 모르는 낱말의 뜻을 짐작할 수 있는 단서에는 그 낱말을 꾸미는 말, 풀이하는 말, 위치가 대응되는 말 등이 있습니다. 그리고 문맥과 함께 배경지식을 사용해 짐작해 볼 수도 있습니다.

★ 모르는 낱말의 뜻을 짐작하려면,

(1) 글을 읽으며 모르는 낱말을 찾습니다.
(2) 모르는 낱말을 꾸미거나 풀이하는 말, 모르는 낱말과 대응하는 위치에 있는 말 등을 찾아봅니다.
(3) 글에서 찾아낸 단서나 배경지식으로 모르는 낱말의 뜻을 짐작해 봅니다.
(4) 짐작한 뜻을 작품하여 앞뒤의 내용과 자연스럽게 이어지는지 확인해 봅니다.

---

1 다음 밑줄 친 부분을 단서로 [   ] 안의 낱말의 뜻을 짐작할 수 있는 방법을 선으로 알맞게 이으세요.

(1) 쓰레기가 동네에 들어오는 것도 싫어하는데, 독성 물질까지 나온다고 하니 주민들은 쓰레기 소각장을 [더기피하게] 됩니다.

㉠ 꾸미는 말이 있는지 찾아보고, 꾸미는 말의 뜻을 생각해 보아요.

(2) 쓰레기를 태우는 [소각장]을 짓습니다.

ㄴ 대응되는 말이 있는지 찾아보고, 대응되는 말과의 관계를 생각해 보아요.

(3) 주민들에게 독성 물질로 인한 [피해]를 주지 말아야 합니다.

ㄷ 풀이하는 말이 있는지 찾아보고, 풀이하는 말과 관련지어 생각해 보아요.

(4) 쓰레기를 태울 때 나오는 열로 주변 지역에 [난방]을 할 수 있게 했습니다. 썬 비용으로 겨울에 집을 따뜻하게 할 수 있는 것입니다.

ㄹ 앞뒤에 연결되는 말을 찾아보고, 배경지식으로 관련성을 생각해 보아요.

밑줄 친 부분이 어려운 낱말이 뜻이 관계를 생각해 구별해 봅니다.

ERI 지수 **445** 과학 | 물리

지우는 음향 설계사로 일하시는 이모의 초대를 받아 음악회에 다녀왔습니다. 지우는 큰 공연장을 가득 울려 퍼지는 아름다운 소리에 감동을 받았습니다. 이모는 악기에서 나는 소리를 공연장의 모든 사람이 잘 들을 수 있도록 울려 퍼지게 하는 일이 음향 설계사의 일이라고 말씀해 주셨습니다. 지우는 음향 설계사라는 직업에 대해 좀 더 자세히 알고 싶어졌습니다. 그래서 이모에게 편지를 보냈고 답장을 받았습니다.

→ 음향 설계사에 대해 알고 싶어진 지우

지우에게

지우야, 편지 잘 받았어. 이모가 하는 일에 관심을 가지게 되었다니 뿌듯한 마음이 생기는구나.

→ 마음이 기쁘고 흐뭇한 느낌으로 가득함.

음향 설계사는 쉽게 말해 소리를 다루는 직업이야. 공연장이나 영화관 같은 곳에서 관객에게 소리가 잘 전달되도록 여러 가지 일을 하는 거지. 음을 본 적 있니? 어떤 스피커를 어디에 설치하는지를 결정하는 것도 음향 설계사의 일이란다.

→ 사진 ① – 음향 설계사가 하는 일

(㉠) 공기의 움직임이 소리를 전달하는 것과 관련이 있어. 그래서 공기의 움직임을 음향 설계사는 잘 알고 있어야 하겠지?

기 때문이야. 또 영화관이나 공연장의 내부 구조에 대해서도 공부를 해야 한단다. 소리는 다른 물체에 부딪히면 반사되는*

성질을 가지고 있어. 참 신기하지? 공연장 안의 모든 관객이 소리를 잘 들을 수 있게 하기 위해서는 소리의 반사를 고르게 하는 게 필요해. 그래서 음향 설계사는 공연장의 내부 구조를 생각하면서 연주하는 사람 뒤에 소리가 반사되는 판을 붙이기도 하고 천장에 이 판을 붙이거나 매달기도 해.

→ 사진 ② – 볼록한 모양의 반사판에서 소리가 반사되어 나아가는 모양

▲ 볼록한 모양의 반사판에서 소리를 전달하는 것과 관련이 있어.

음향 설계사에 대한 지우의 호기심이 해결되었으면 좋겠다. 또 궁금한 점이 생기면 언제든 얘기하렴.

→ 새롭고 신기한 것을 알고 싶어 하는 마음.

20××년 ○월 △일
지우를 사랑하는 이모가

→ 편지를 쓴 날짜
→ 쓴 사람

*반사되는: 빛 소리 같은 것이 물체에 부딪혀서 방향이 바뀌어 나가는.

중심 화제 파악하기

1. 이 글에 나온 지우 이모의 직업은 무엇인지 쓰세요.

(음향 설계사)

▶ 지우는 음향 설계사로 일하시는 이모의 초대를 받아 음악회에 다녀왔습니다.

내용 파악하기

2. 이 글의 내용으로 알맞지 않은 것은 무엇인가요? (④)

① 공기의 움직임과 소리의 전달은 관련이 있다.
② 소리는 다른 물체에 부딪히면 반사되는 성질이 있다.
③ 공연장에 붙인 반사판에는 소리를 반사하는 기능이 있다.
④ 영화관의 구조는 달라져도 스피커의 위치는 항상 같다.
⑤ 공연장이나 영화관의 내부 구조에 따라 소리의 전달은 달라진다.

▶ 이 글은 공기의 움직임으로 인해 소리가 전달된다는 점, 소리는 다른 물체에 부딪히면 반사가 되는 성질이 있다는 점을 설명하고 있습니다. 견물이 내부 구조나 물체의 위치에 따라 소리의 전달은 달라질 수 있으므로 영화관의 구조가 달라지면 스피커의 위치도 달라지게 됩니다.

글의 목적 추론하기

3. 지우 이모가 지우에게 편지를 쓴 까닭은 무엇인가요? (①)

① 자신의 직업에 대해 알려 주기 위해서
② 지우가 듣는 음악에 대해 알려 주기 위해서
③ 자신이 좋아하는 영화에 대해 알려 주기 위해서
④ 지우가 다녀온 공연장의 크기에 대해 알려 주기 위해서
⑤ 지우가 음악회에서 들은 음악이 무엇인지 알려 주기 위해서

▶ 지우 이모는 음향 설계사라는 직업에 대해 좀 더 자세히 알고 싶어서 이모에게 편지를 보냈고, 이모는 이에 대한 답장을 썼습니다. 이모는 편지에서 음향 설계사에 대한 여러 이야기와 음향 설계사의 일이 어떤 것인지 자세히 설명해 주었습니다. 따라서 지우의 이모가 지우에게 편지를 쓴 까닭은 자신의 직업에 대해 알려 주기 위해서입니다.

이어 주는 말 파악하기

4. ㉠에 들어갈 이어 주는 말로 알맞은 것은 무엇인가요? (⑤)

① 그래서 ② 그러나 ③ 그리고
④ 하지만 ⑤ 왜냐하면

▶ 음향 설계사가 공기의 움직임을 공부해야 하는 이유를 설명하는 문장과 이어지므로, 이유를 나타내는 '왜냐하면'이 들어가야 합니다.

어휘 익히기

1 낱말 뜻 알기

다음 빈칸에 알맞은 낱말을 〈보기〉에서 찾아 쓰세요.

보기

뾰족한	설치	구조	호기심

1. 컴퓨터를 (설치)하기 위해 방을 치워야 한다.
   뜻 기구, 장치 등을 일정한 곳에 자리나 세우는 것.

2. 나는 새로운 물건을 보면 (호기심)이/가 생긴다.
   뜻 새롭고 신기한 것을 알고 싶어 하는 마음.

3. 어려운 문제를 다 풀고 나니 (뾰족한) 마음이 들었다.
   뜻 마음이 기쁘고 흥족한 느낌으로 가득함.

4. 이 제품은 (구조)이/가 간단하여 값이 싸고 고장이 잘 안 난다.
   뜻 여럿이 모여 이룬 얼개나 짜임새.

2 관용 표현 알기

다음 빈칸에 알맞은 말을 쓰세요.

"두 손뼉이 맞아야 소 리 가 난다"

이 속담은 무슨 일이든지 두 편에서 서로 맞아야 이루어질 수 있다는 뜻으로, 일을 할 때에는 서로 생각이 같아야 함을 이르는 말이에요.

3 한자어 익히기

다음 한자어를 소리 내어 읽고 빈칸에 따라 써 보세요.

傳	達
전할 전	통할 달

傳	達
전할 전	통할 달

전달(傳達): 지시, 신호, 물건 등이 다른 기관에 전하여지는 것.

• 신호의 전달.
• 소리는 음속에서도 전달된다.
• 우리가 담 너머의 대화 소리를 들을 수 있는 이유는 소리가 휘어져 전달되기 때문이다.

문맥을 활용하여 추론하기

5. 이 편지를 읽고 지우가 알게 된 것으로 알맞은 것은 무엇인가요? (①)

① 공연장의 내부 구조는 소리를 전달하는 데에 영향을 미치겠구나.
② 공연장에 반사판이 없으면 관객들이 소리를 전혀 들을 수 없겠구나.
③ 공연장 앞쪽에 앉을수록 작은 소리는 더욱 작게, 큰 소리는 더욱 크게 들리겠구나.
④ 공연장에 커다란 스피커를 설치하게 되면 사람들이 소리를 더 잘 들을 수 있겠구나.
⑤ 공연장에서 울려 퍼지는 소리를 많은 사람이 듣게 하려면 공연장을 평면으로 만들어야겠구나.

지우는 이모의 편지를 읽고 공연장의 내부 구조와 소리의 성질을 이
용하는 것이 필요하다는 것을 알게 되었습니다.

글의 내용 적용하기

6. 이 글의 내용을 바탕으로, 다음 대화의 빈칸에 알맞은 말을 쓰세요.

지혜: 초음파는 우리가 들을 수 있는 소 리 가 아니네. 그런데 동물들은 동물들도 듣는 초음파를 이용하는 동물들도 많네. 어떻게 그렇게 하는 거지?

다엽: 고래나 박쥐 같은 동물은 자신이 내는 초음파가 주변 물체에 반사되는 것을 이용하여 자신의 위치를 아는데.

지혜: 초음파를 내면 메아리 현상 때문에 초음파가 반 사 되어 되돌아오는 것을 이용하는구나.

초음파는 인간이 들을 수 있는 범위의 소리보다 더 높은 주파수를 가지는 소리입니다. 높은 주파수의 소리를 들을 수 있습니다. 이들 동물은 주변 초음파를 반사하여 되돌아오는 소리를 이용하여 주변 상황을 인식합니다. 따라서 빈칸에는 '소리의 반사'가 각각 들어가야 합니다.

ERI 지수 394 과학 | 화학

여러분은 '칙칙폭폭'이라는 말을 들어 본 적이 있나요? 이 말을 들으면 무엇이 떠오르나요?

'칙칙폭폭'은 증기 기관차*가 연기를 뿜으면서 달리는 소리를 말합니다. 지금은 보기 힘들지만, 예전에는 '칙칙폭폭' 달리는 기차가 있었습니다. 물을 끓여서 만든 뜨거운 수증기를 내뿜으며 힘차게 달리는 기차였지요. 커다란 기차가 물로 달리는 모습을 상상해 보세요. ㉠정말 신기하고 놀라운 모습입니다.

그러면 물이 어떻게 수증기의 힘으로 달릴 수 있는 것일까요? 그것은 기체의 성질과 관련 있습니다. ㉡물을 끓이면 수증기가 되어 부피가 커지게 됩니다. 그리고 다시 온도를 낮추면 수증기가 물이 되어 부피가 작아지게 됩니다. 이처럼 과학자들은 온도에 따라 물질의 부피가 달라질 수 있다는 사실을 발견하게 되었습니다. 사람들은 이 사실을 이용하여 '증기 기관'을 만들었습니다.

→ 기체의 성질을 이용하여 만든 증기 기관

증기 기관에는 물이 들어 있는 물탱크에 열을 가해 수증기를 만드는 장치가 있습니다. 이 장치에서 수증기가 커지면서 부피가 커지면서 물탱크 속 공간이 수증기로 꽉 차게 됩니다. 이 때문에 공기 압력이 높아지면 서 ㉢피스톤*이라는 장치를 밀어 올리게 됩니다. 반대로 물탱크의 붙을 끄게 되면 수증기는 식어서 물이 됩니다. 그러면 피스톤은 아래로 내려가게 됩니다. 피스톤이 위아래로 움직일 수 있는 것은 물의 온도 변화 때문입니다. 피스톤은 물과 연결되어 있어서 물의 온도에 따라 위아래로 움직이면 기체가 움직이게 됩니다. 이렇게 물의 힘으로 움직이는 기계가 피스톤으로 위아래로 움직이며 증기 기관을 만든 것이지요.

→ 증기 기관의 원리

증기 기관을 처음 발명했을 때는 석탄에 불을 ㉣붙였습니다. ㉤석탄으로 물을 끓여 만든 수증기의 힘으로 수레를 밀어서 움직이게 하는 힘을 만들었습니다. 이러한 증기 기관의 원리*는 지금도 여러 발전소에서 사용되고 있습니다. 석탄이나 석유로 물을 끓여서 많은 양의 물을 끓여서 기계를 움직이게 하고 또 전기를 생산하는 것입니다. 물을 끓여서 나오는 기체로 기계를 움직이게 하다니 기계의 힘은 정말 대단하지요?

3. 피스톤이 펌프를 밀어요.

2. 증기가 피스톤을 밀어 올려요.

1. 이곳에서 물이 끓어요.

▲ 증기 기관의 원리

* 기관차: 기차에서 사람이나 짐을 실은 차를 끌고 다니는 차. 증기 기관차, 디젤 기관차, 전기 기관차 등이 있음.
* 피스톤: 증기 기관 안에 있는 왕복 운동을 하는 장치.
* 원리: 사물의 근본이 되는 이치.

정답과 해설

내용 파악하기
1. 이 글의 내용으로 알맞지 않은 것은 무엇인가요? (③)
① 물을 끓이면 수증기가 된다.
② 끓인 물과 식은 물의 부피는 다르다.
③ 증기 기관은 전기의 성질을 이용하여 만든 기계이다.
④ 증기 기관에는 위아래로 움직이는 피스톤이라는 장치가 있다.
⑤ 증기 기관은 우리가 원하는 발전소에서 전기를 얻을 연을 때에도 사용된다.

→ 이 글은 물이 끓어서 기체 상태인 수증기가 되면 부피가 커진다는 점, 물이 상태 변화를 이용하여 증기 기관을 발명했다는 정을 설명하고 있습니다. 증기 기관은 전기의 성질을 이용하여 만든 기계가 아니라 물의 성질을 이용하여 만든 기계입니다.

내용 요약하기
2. 이 글의 내용을 요약할 때 꼭 필요한 말을 네 개 골라 V표 하세요.

칙칙폭폭	물	증기 기관	기체
( )	(V)	(V)	(V)
부피	석탄	발전소	
(V)	( )	( )	

→ 이 글은 물을 끓이면 부피가 커지는 원리를 이용하여 기체를 움직이는 동력을 만들어낸다는 내용으로, 증기 기관의 원리를 설명하고 있습니다. 제시된 말 중 증기 기관의 원리를 설명할 때 꼭 필요한 말은 '물', '증기 기관', '기체', '부피'입니다.

사실과 의견 구분하기
3. ㉠~㉤ 중 의견을 나타내는 문장으로만 짝지어진 것은 무엇인가요? (①)
① ㉠
② ㉠, ㉡
③ ㉢, ㉣
④ ㉡, ㉣
⑤ ㉠, ㉡, ㉢

→ ㉠에서는 기차가 물로 달리는 모습에 대해 '정말 신기하고 놀라운 모습'이라는 자신의 의견을 나타내고 있습니다. ㉡에서는 물을 끓이면 수증기가 되어 부피가 커진다는 사실을 문장으로 바르게 수레를 읽어내 하다는 사실을 나타내고 있습니다.

어휘 익히기

1 낱말 뜻 알기

다음 빈칸에 알맞은 낱말을 〈보기〉에서 찾아 쓰세요.

보기
증기 부피 발견 발명

1. 물이 끓어 수증기로 주전자가 (증기)을/를 내뿜었다.
   뜻 액체나 고체가 변하여 생기는 기체.

2. 기체 상태인 천연가스는 (부피)이/가 커서 저장과 운반이 불편하다.
   뜻 넓이와 높이가 있는 물건이 차지하는 공간 크기.

3. 조선 사람들의 슬기 어쩜을 했던 정자터가 경주에서 처음으로 (발견)되었다.
   뜻 어떤 것을 알아내거나 찾아내는 것.

4. 사람들이 끊임없이 새로운 도구를 (발명)해 온 덕분에 우리의 생활은 편리해졌다.
   뜻 없던 기술이나 물건을 처음 만들어 내는 것.

2 관용 표현 알기

다음 빈칸에 알맞은 말을 쓰세요.

"필 요 는 발명의 어머니"

우리 주변의 수많은 물건은 발명품으로 더 편리한 생활을 하고자 하는 사람들의 생각에서 비롯되었습니다. 이 말은 무언가가 필요하다고 느끼는 사람들의 생각이 발명을 하게 만든다는 뜻이에요.

3 한자어 익히기

다음 한자어를 소리 내어 읽고 빈칸에 따라 써 보세요.

기체(氣體): 공기, 연기처럼 정해진 꼴 없이 온도나 압력에 따라 부피가 쉽게 달라지는 물질.
· 물을 끓이면 기체 상태가 된다.
· 물질에는 기체, 액체, 고체가 있다.

---

① 주요 개념 파악하기

4. 이 글을 읽고 '증기 기관'에 대해 알게 된 내용을 다음과 같이 정리할 때, 빈칸에 알맞은 말을 쓰세요.

- 물은 상태가 변화하는 성질이 있음.
- 증기 기관: 온도에 따라 부 피 가 달라지는 물의 성질을 이용하여 기계를 움직일 수 있는 장치

➡ 증기 기관은 온도에 따라 부피가 달라지는 물의 성질을 이용한 장치입니다.

낱말 뜻 짐작하기

5. ㉠와 같은 뜻으로 사용된 낱말은 무엇인가요? (②)

① 책상을 벽에 붙였습니다.
② 연탄에 불을 붙였습니다.
③ 종이를 칠판에 붙였습니다.
④ 부투에 우표를 붙였습니다.
⑤ 다친 곳에 반창고를 붙였습니다.

➡ '불을 일으켜 타게 하다.'의 뜻으로 쓰인 낱말을 찾아야 합니다. ①은 '물체와 물체 또는 사람을 서로 바짝 가깝게 하다.', ③, ④, ⑤는 '맞닿아 떨어지지 않게 하다.'의 뜻으로 쓰였습니다.

글의 내용 적용하기

6. 증기로 기차가 움직이는 원리와 유사한 원리가 적용된 현상에 V표 하세요.

(1)
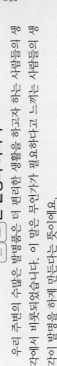
밖에 넣어 둔 빨래가 마르는 것
( )

(2)

주전자의 물이 끓으면 주전자 뚜껑이 움직이는 것
(V)

(3)

주스 컵 속 얼음이 녹으면 주스가 맛이 없어지는 것
( )

➡ 증기로 기차가 움직이는 원리는 물이 수증기로 되는 과정에서 부피가 커지는 현상과 관련이 있습니다. 방에 넣어 둔 빨래가 마르는 현상과 얼음이 녹으면 담긴 주스가 맛이 없어지는 현상은 물의 상태 변화와 관련이 있으나, 부피

ERI 지수 432　과학 | 생물

우리 주변에서 흔히 볼 수 있는 동물과 식물은 우리가 새로운 제품을 생각해 내는 데에 도움을 줍니다. 동물이나 식물을 연구하여 그 특징을 본떠 새로운 것을 만들어 우리 생활에 적용하기도 하는데, 이를 '생체 모방'이라고 합니다. 과하지는 이름 삶아 만들고 집에 있는 대상을 삶의 그대로 옮겨 만듭니다.

금잠이, 장수풍뎅이와 같은 곤충 등의 움직임이나 생김새를 모방하였습니다. 그리고 그 특징을 본떠 우리 삶에 유용한 여러 가지 종류의 로봇을 만들기도 합니다. 그중 '도마뱀붙이'라는 동물에 대해 살펴볼까요?

도마뱀붙이가 벽을 기어 다니는 모습을 본 적이 있나요? 도마뱀붙이는 몸길이가 12센티미터 정도로 몸집이 작은 편이 아닙니다. 그렇지만 영화에 등장하는 '스파이더맨'처럼 순식간에 벽을 ⑦올라가고 하고 천장에 거꾸로 매달려 움직이기도 하지요.

도마뱀붙이가 벽 시간이고 벽에 달라붙어 있을 수 있는 이유는 무엇일까요? 또 도마뱀붙이가 벽이나 천장에서 마음껏 움직일 수 있는 이유는 무엇일까요? 그 비밀은 바로 도마뱀붙이의 발바닥에 있습니다. 도마뱀붙이의 발바닥에는 '강모'라고 불리는 아주 작고 가는 털이 약 50만 개나 붙어 있어요. 도마뱀붙이의 강모가 한 개씩 발휘할 수 있는 힘은 작습니다.

미국의 발명가는 도마뱀붙이의 강모를 모방하여 점 착제를 개발하였습니다. 그리고 미국에서 일하던 우 리나라의 연구원은 이것을 로봇 발바닥에 적용하였습 니다. 이것이 바로 '스티키봇'이라는 로봇입니다. 스 티키봇은 '달라붙는 로봇'이라는 뜻이에요. 스티키봇 을 발명한 연구원은 '한번 달라붙으면 절대 떨어지지 않으면서 발걸음을 옮길 때에는 너무나 쉽게 움직이 는 도마뱀붙이의 발바닥'을 보고 로봇의 원리를 떠올 렸다고 말했답니다. 도마뱀붙이의 발바닥과 비슷한 모양을 가진 스티키봇과 실제 스티키봇이 같은 로봇을 만들어 볼 수 있겠 이죠. 여러분도 주변의 동물과 식물을 잘 살펴 스티키봇과 같은 로봇을 만들어 볼 수 있지 않 을까요?

▲ 스티키봇

내용 파악하기

1. 이 글에 나온 '도마뱀붙이'에 대한 설명으로 알맞으면 ○표, 알맞지 않으면 X표 하세요.

(1) 도마뱀붙이의 발바닥에 붙어 있는 강모는 약 120개 정도이다. (X)

(2) 도마뱀붙이를 본떠 만든 '스티키봇'은 '달라붙는 로봇'이라는 뜻이다. (○)

(3) 도마뱀붙이가 벽이나 천장에서 마음껏 움직일 수 있는 이유는 발바닥의 강모 때문이다. (○)

→ 도마뱀붙이의 발바닥에는 아주 작고 가는 '강모'라는 털이 약 50만 개나 붙어 있습니다.

핵심어 찾기

2. 동물이나 식물의 특징을 본떠 새로운 것을 만들어 우리 생활에 적용하는 것을 무엇이라고 하는지 이 글에서 찾아 쓰세요.

(생체 모방)

→ 이 글의 앞부분에서 동물이나 식물을 연구하여 그 특징을 본떠 새로운 것을 만들어 우리 생활에 적용하는 것을 '생체 모방'이라고 했습니다.

문단 구분하기

3. 이 글의 문단에 대한 설명으로 알맞지 않은 것은 무엇인가요? (④)

① 모두 4개의 문단으로 이루어져 있다.

② 각 문단은 여러 개의 문장이 모여 있다.

③ 각 문단에는 중심 문장과 뒷받침 문장이 있다.

④ 각 문단에서 가장 먼저 나오는 문장이 그 문단의 중심 문장이다.

⑤ 새로운 문단이 시작될 때는 맨 앞 칸을 한 칸 비우고 쓰기 시작하였다.

→ 이 글은 모두 4개의 문단으로 이루어져 있습니다. 문단은 하나의 생각을 완결되게 표현한 것으로, 문장 여러 개가 모여 이루어집니다. 문단을 쓸 때에는 맨 앞 칸을 바꾸고 쓰기 시작합니다. 중심 문장은 가장 먼저 나오는 문장이 아니라 문단 전체의 내용을 포괄하는 문장입니다.

낱말 관계 파악하기

4. ⑦의 '올라가다'와 반대의 뜻을 가진 낱말을 쓰세요.

(내려가다)

→ '올라가다'는 낮은 곳에서 높은 곳으로 또는 아래에서 위로 가는 것을 뜻합니다. 반대의 뜻을 가진 낱말은 높은 곳에서 낮은 곳으로 또는 위에서 아래로 가는 것을 뜻하는 '내려가다'입니다.

어휘 익히기

1 낱말 뜻 알기
다음 빈칸에 알맞은 낱말을 <보기>에서 찾아 쓰세요.

• 보기 •
본떠   유용   지탱   사뿐히

1. 아이가 징검다리를 (사뿐히) 밟으며 건너간다.
   뜻 소리가 나지 아니할 정도로 가볍게 발을 내디디는 상태로.

2. 남의 작품을 (본떠) 그린 그림은 예술적 가치가 없다.
   뜻 이미 있는 대상을 본으로 삼아 그대로 좇아 만듦.

3. 그는 더 이상 자신의 다리로 몸을 (지탱)할 수 없었다.
   뜻 오래 버티거나 배겨 냄.

4. 꿀벌은 인간에게 다양한 이로움을 가져다주는 (유용)한 곤충이다.
   뜻 쓸모가 있음.

2 관용 표현 알기
다음 빈칸에 알맞은 말을 쓰세요.

"고양이 세수하듯"

고양이가 얼굴과 몸을 닦는 모습을 본 적이 있나요? 고양이는 혀로 몸의 털을 핥아서 자신의 털을 정리하는데, 이 모습이 마치 물을 조금만 묻히고 세수를 하는 것처럼 보인답니다. 그래서 이 속담은 남이 하는 것을 흉내만 내고 그리는 듯으로 쓰여요.

3 한자어 익히기
다음 한자어를 소리 내어 읽고 빈칸에 따라 써 보세요.

生體	
生 날 생	體 몸 체
生 날 생	體 몸 체

생체(生體): 생물의 몸 또는 살아 있는 몸.
- 생체 해부.
- 생체를 조사하다.
- 사람이 손가락에 있는 지문은 생체 인식 기술에 활용되고 있다.

글의 내용 근거로 답하기

5. '스티키봇'을 만든 연구원이 도마뱀붙이를 보고 떠올렸을 생각으로 가장 알맞은 것은 무엇인가요? (②)

① 도마뱀붙이의 날렵한 움직임을 이용하면, 빠르게 움직일 수 있는 로봇을 만들 수 있겠군.
② 도마뱀붙이의 발바닥에 붙어 있는 강모의 원리를 이용하면, 벽에 달라붙을 수 있는 로봇을 만들 수 있겠군.
③ 도마뱀붙이가 끈적한 접착 물질을 내뿜는다는 점을 이용하면, 물건들을 붙이는 데에 활용할 수 있는 로봇을 만들 수 있겠군.
④ 도마뱀붙이가 몇 시간이고 벽에 달라붙어 있을 수 있다는 것을 이용하면, 영화에 등장하는 '스파이더맨'과 똑같은 로봇을 만들 수 있겠군.
⑤ 도마뱀붙이는 최대한 자기 몸무게 정도의 무게를 지탱할 수 있다는 점을 이용하면, 무거운 물건을 옮기는 데에 사용할 수 있는 로봇을 만들 수 있겠군.

도마뱀붙이는 발바닥의 강모가 표면에 접촉하는 힘을 이용해서 쉽게 벽을 타고 오를 수 있습니다. 스티키봇은 도마뱀붙이 발바닥에 있는 강모를 착안하여 만든 로봇으로, 발바닥에 아주 작은 크기의 털이 있어 빠른 속도로 벽을 오를 수 있습니다.

글의 내용 적용하기

6. 이 글에서 설명한 기술을 활용하여 만든 로봇으로 알맞지 않은 것에 V표 하세요.

(1)  ( )

(2)  (V)

(3)  ( )

이 글에서 설명한 것은 생체 모방 기술입니다. (1)은 식물료를 배달할 수 있는 배달 로봇입니다. (2)는 소금쟁이를 본떠 만든 로봇이고, (3)은 4족 보행 로봇인 미니 치타 로봇입니다.

ERI 지수 408 | 과학 | 지구 과학

"아호!"

아빠와 산봉우리에 오른 민수는 신이 나 소리쳤어요.

"아빠, 저기 저 바위를 좀 보세요. 정말 멋져요. 천년만년이 지나도 저 바위는 저렇게 멋지게 남아 있겠죠?"

"그럴 수도 있고 아닐 수도 있단다. 저 바위는 오랜 시간이 지나면 제자리에서 부서져서 우리가 밟고 서 있는 흙이 될 수도 있거든."

"네? 저렇게 큰 돌이 흙이 된다고요?"

"저 돌도 작게 부서지고 성질이 변하면 흙이 될 수 있지."

아빠의 말씀을 들은 민수는 궁금한 점이 ㉮ 생겼습니다.

"아빠, 저렇게 큰 돌이 어떻게 작게 부서질 수 있나요?"

"좋은 질문이네. 민수는 바위가 어떻게 해야 부서진다고 생각하니?"

"제 생각에는 바위가 커지고 같은 것으로 저하 부서질 것 같아요."

"자, 상패보도록 하자. 바위에는 여러 개의 틈이 있어. 우리가 걸터앉은 이 바위에도 이렇게 크고 작은 틈이 있는 걸 볼 수 있지?"

"맞아요. 단단해 보이는 바위에 틈이 많이 있어요. 저쪽의 틈은 제 손이 들어갈 만큼 커요."

민수의 대답을 들은 아빠는 질문을 이어 가셨습니다.

"바위의 틈 사이로 스며든 물이 얼면 부피가 변한단다. 이렇게 변한 부피가 커지면 바위의 틈은 어떻게 변할까?"

"과학책에서 보았는데 물이 얼음이 되면 부피가 커진다고 했어요."

"그렇지. 그렇게 부피가 커지면 바위의 틈은 어떻게 될까?"

(㉠)

"그렇게 바위틈의 물이 얼었다 녹았다를 반복하면 바위의 틈이 점차 벌어져서 바위가 부서질 수 있는 것이란다. 그래서 옛날 조상님들은 이런 방법을 이용해서 큰 바위를 작게 조개어 사용하기도 했지."

"신기하네요. 오랜 시간이 걸리기는 해도 바위도 작게 깨져 흙이 되고, 돌이 깨져서 흙이 될 수 있다는 게 정말 신기해요."

"그렇지. 그러나 인제가는 흙이 될 수 있는 저 바위의 멋진 모습을 기억해 두렴."

집에 돌아온 민수는 아빠가 말씀하신 내용을 책에서 찾아보았습니다. (㉡) 바위나 돌이 햇빛이나 공기, 물에 의해 제자리에서 점차 부서지는 것을 '풍화 작용*'이라고 한단다.

→ 풍화 작용의 뜻

*작용: 어떠한 현상을 일으키거나 영향을 미침.

중심 내용 파악하기

1. 이 글의 내용으로 보아, 바위나 돌이 제자리에서 점차 부서지는 이유는 무엇인가요? (③)

① 메아리가 울리기 때문에
② 땅지로 세게 치기 때문에
③ 햇빛이나 공기, 물 때문에
④ 사람들이 밟고 다니기 때문에
⑤ 높은 산봉우리에 있기 때문에

민수와 아빠의 대화에서 이해는 바위나 돌이 제자리에서 점차 부서지는 그 이유로 돌이 있었다 녹았던 현상을 들고 있습니다. 민수의 대화에서 바위나 돌이 제자리에서 점차 부서지는 이유는 햇빛이나 공기, 물 때문이라고 할 수 있습니다.

세부적 내용 짐작하기

2. ㉠에 들어갈 말로 가장 알맞은 것은 무엇인가요? (③)

① 흙이 될 것 같아요.
② 얇게 될 것 같아요.
③ 더 넓어지게 될 것 같아요.
④ 물이 스며들게 될 것 같아요.
⑤ 돌이 더 단단해지게 될 것 같아요.

이어 주는 말 파악하기

3. ㉡에 들어갈 이어 주는 말로 알맞은 것은 무엇인가요? (①)

① 그리고   ② 그러나   ③ 그렇지만
④ 왜냐하면 ⑤ 그러므로

1 낱말 뜻 알기

다음 빈칸에 알맞은 낱말을 〈보기〉에서 찾아 쓰세요.

보기 • 산봉우리   틈   제자리   점차

1. 구름이 걷히자 (산봉우리)이/가 드러났다.
   뜻 산에서 뾰족하게 높이 솟은 부분.

2. 창문 (틈)(으)로 바람이 들어오고 있다.
   뜻 벌어져 사이가 난 자리.

3. 열심히 공부했더니 성적이 (점차) 나아지고 있다.
   뜻 차례를 따라 조금씩.

4. 경기가 시작되기 전에 그는 (제자리) 뛰기를 하며 몸을 풀었다.
   뜻 위치의 변화가 없는 같은 자리.

2 관용 표현 알기

다음 빈칸에 알맞은 말을 쓰세요.

"낙숫물이 댓돌을 뚫는다"

낙숫물은 처마 끝에서 떨어지는 물을 말하고, 댓돌은 집에 드나들 때 밟고 올라서는 넓적한 돌입니다. 이 속담은 낙숫물도 한 방울씩 계속 떨어지면 댓돌을 뚫을 수 있다는 뜻으로, 작은 힘이라도 꾸준히 계속하면 큰일을 이룰 수 있음을 이르는 말이에요.

3 한자어 익히기

다음 한자어를 소리 내어 읽고 빈칸에 따라 써 보세요.

풍화(風化): 지구의 표면을 구성하는 암석이 햇빛, 물, 공기, 생물 따위의 작용으로 점차 파괴되거나 분해되는 일.
• 이것은 풍화가 계속 이루어져 생긴 땅이다.
• 매우 건조한 환경에서는 햇빛에 의한 풍화가 두드러지게 발생한다.

風 바람 풍	化 될 화
風 바람 풍	化 될 화

사실과 의견 구별하기

4. 다음은 이 글에서 민수가 한 말입니다. 사실을 나타낸 문장에는 '사', 의견을 나타낸 문장에는 '의'를 쓰세요.

(1) 제 생각에는 바위는 큰 망치 같은 것으로 쳐야 부서질 것 같아요. (의)
(2) 물이 얼음이 되면 부피가 커진다고 했어요. (사)
(3) 돌이 깨져서 흙이 될 수 있다는 게 정말 신기해요. (의)

▶ 사실은 실제로 있었던 일을 말하며, 의견은 대상이나 일에 대한 생각을 말합니다. 민수가 한 말 중 민수가 한 일 중 민수의 생각이나 느낌은 의견에 해당하므로 (2)는 사실입니다. 민수가 한 말 중 민수의 생각이나 느낌은 의견이므로 (1)과 (3)은 의견입니다.

낱말 뜻 짐작하기

5. ㉠과 같은 뜻으로 사용된 낱말은 무엇인가요? (①)
① 호기심이 생겼습니다.
② 아기가 귀엽게 생겼습니다.
③ 이러다 큰일 나게 생겼습니다.
④ 그것은 달걀 모양으로 생겼습니다.
⑤ 엄마 몰래 한 일이 들키게 생겼습니다.

▶ '무엇이 새로 있게 되다.'의 뜻으로 사용된 낱말을 찾아야 합니다. ②, ④는 '사람이나 사물이 생김새가 어떠한 모양으로 되다.', ③, ⑤는 '일이 상태가 부정적인 어떤 지경에 이르게 됨을 나타내는 말.'의 뜻으로 사용되었습니다.

그림으로 표현하기

6. 민수는 바위가 제자리에서 흙이 되는 과정에 대해 알게 된 내용을 다음과 같이 그림으로 정리하였습니다. 빈칸에 공통으로 들어갈 말을 이 글에서 찾아 쓰세요.

바위 → 돌과 모래 → 흙
햇빛이나 공기, 물 등
(풍화 작용)

▶ 바위나 돌이 제자리에서 흙이 되려면 햇빛이나 공기, 물 등의 작용이 필요합니다. 이러한 과정을 '풍화 작용'이라고 합니다.

05회 읽기 방법 익히기

1 이어 주는 말 파악하기

글을 제대로 이해하기 위해서는 글에 나타난 이어 주는 말이 알맞은지 생각하며 읽어야 합니다. '이어 주는 말'이란 문장과 문장을 연결하는 표현을 말합니다. 주로 글의 내용을 자연스럽게 연결하고 앞의 내용을 정리하거나 뒤따라 나올 내용을 안내합니다. 이어 주는 말에는 '그리고, 그래서, 그러나, 그런데, 그러므로, 왜냐하면' 등이 있습니다.

★ 이어 주는 말이 알맞은지 확인하려면,
(1) 이어 주는 말을 중심으로 앞의 문장과 뒤의 문장을 확인해 봅니다.
(2) 앞의 문장과 뒤의 문장이 어떻게 연결되는지 생각해 봅니다.
(3) 다양한 이어 주는 말을 활용해 내용이 자연스럽게 연결되는지 생각해 봅니다.

1 다음 빈칸에 들어갈 이어 주는 말을 바르게 파악한 친구에게 V표 하세요.

음향 설계사는 소리에 대해서 잘 알고 있어야 하잖아? 그래서 공기의 움직임을 공부해야 한단다. ( ) 공기의 움직임이 소리를 전달하는 것과 관련이 있기 때문이야. 또 영화관이나 공연장의 내부 구조에 대해서도 공부를 해야 한단다. 소리는 다른 물체에 부딪히면 반사되는 성질을 가지고 있어. 참 신기하지? 공연장 안의 모든 관객이 음을 들을 수 있게 하기 위해서는 소리의 반사를 고려해 하는 게 필요해. 그래서 음향 설계사는 공연장의 내부 구조를 생각하면서 연주하는 사람 뒤에 소리가 반사되는 판을 놓기도 하고 천장에 이 판을 붙이거나 매달기도 해.

다영	희민	지혜	도현
앞뒤 문장의 내용이 서로 비슷하니까 '그리고'가 들어가야 해.	뒤 문장이 앞 문장의 이유가 되니까 '왜냐하면'이 들어가야 해.	뒤 문장이 앞 문장의 내용과 반대되니까 '그러나'가 들어가야 해.	앞 문장이 뒤 문장의 원인이 되니까 '그래서'가 들어가야 해.
( )	(V)	( )	( )

음향 설계사가 공기의 움직임을 공부해야 하는 이유를 설명하는 문장과 이유를 나타내는 문장을 이어지므로 이유를 나타내는 내용이 원인이면...

---

2 다음 글을 읽고 물음에 답하세요.

옆집에서 시끄럽게 개 짖는 소리, 도로에서 달리는 자동차 소리, 낮게 나는 비행기 소리의 공통점은 무엇일까요? '소음'입니다. 소음은 사람의 기분을 좋지 않게 만드는 시끄러운 소리입니다. 소음은 때로는 사람의 건강을 해칠 수도 있습니다. (㉠) 사람들은 소음을 방지하기 위해서 소음이 생기는 물건에 소음을 잘 흡수하는 물질을 넣거나, 소음이 생기는 장소에 방음벽을 설치하여 소리의 전달을 막기도 합니다. 소리의 세기를 줄이거나 소리가 잘 전달되지 않게 하는 것을 '방음'이라고 합니다. (㉡) 방음만으로 모든 소음을 해결할 수 없다고 합니다. ㉢그러므로 우리 모두 이웃에게 피해를 주지 않도록 소음을 줄이기 위해 노력하는 것이 필요합니다.

(1) ㉠에 들어갈 이어 주는 말로 알맞은 것은 무엇인가요? (④)
① 하지만　② 그러나　③ 그리고
④ 그래서　⑤ 왜냐하면

㉠의 앞 문장은 소음이 때로는 사람의 건강을 해칠 수 있다는 내용이고, 뒤 문장은 사람들이 소리의 전달을 막는다는 내용입니다. 따라서 ㉠에는 '그래서'가 들어가는 것이 알맞습니다.

(2) ㉡에 들어갈 알맞은 이어 주는 말을 쓰세요.

> 그러나

소음을 줄이는 방법으로 방음을 설명한 후 방음만으로 모든 소음을 해결할 수 없다는 내용이 이어지므로 ㉡에는 '그러나'가 들어가야 합니다.

(3) ㉢을 사용하여 다음 두 문장을 알맞게 연결하세요.

• 소리는 건강하게 될 것이다.	
• 소리는 이사 선생님의 맞춤을 따랐다.	

소리는 이사 선생님의 맞춤을 따랐다. 그러므로 소리는 건강하게 될 것이다.

'그러므로'는 앞 문장이 뒤 문장의 원인이나 근거가 됨을 나타낼 때에 사용됩니다. 이사 선생님의 맞춤을 따랐다는 내용이 원인이 되고, 그 결과로 소리가 건강하게 될 것이라는 내용이 뒤에 이어지는 것이 알맞습니다.

2 글의 내용을 근거로 답하기

글을 읽을 때에는 글의 내용을 파악하며 읽어야 합니다. 글의 내용을 파악할 때에는 글에 드러난 정보가 무엇인지 생각해야 합니다. 무엇에 대해 어떻게 말하고 있는지 확인하고, 글에 드러난 정보들이 어떻게 연결되어 있는지 살펴보아야 합니다. 그래야 글에 대한 질문을 받았을 때 글의 내용을 근거로 답할 수 있습니다.

★ 질문에 대해 글의 내용 근거로 답하려면,
(1) 질문에 나타난 내용에 대해 답하기 위해서는 어느 부분을 살펴보아야 하는지 확인해 봅니다.
(2) 질문에 정확하게 답하기 위해서는 어떤 정보를 찾아야 하는지 생각해 봅니다.

1 다음 글을 읽고, 다영이의 질문에 답하기 위해 도연이가 찾아야 하는 낱말은 무엇인지 빈칸에 쓰세요.

도마뱀붙이의 발바닥에는 '강모'라고 불리는 아주 작고 가는 털이 약 50만 개나 붙어 있어요. 도마뱀붙이의 강모는 약 120킬로그램의 무게를 지탱할 수 있는 힘을 가지고 있습니다.

미국의 발명가는 도마뱀붙이의 강모를 모방하여 접착제를 개발하였습니다. 그리고 미국에서 일하던 우리나라의 연구원은 이것을 로봇 발바닥에 적용하였습니다. 이것이 바로 '스티키봇'이라는 로봇입니다. 스티키봇은 '달라붙는 로봇'이라는 뜻인데요. 스티키봇을 발명한 연구원은 '한번 달라붙으면 절대 떨어지지 않으면서 발걸음을 옮길 때에는 너무나 사뿐히 발자국을 떼는 신기한 로봇의 원리를 떠올렸다고 말했습니다.

'스티키봇'을 만든 연구원은 도마뱀붙이의 무엇을 보고 로봇을 만들 수 있을까?

다영

연구원은 도마뱀붙이의 발바닥에 있는 [강][모]를 로봇의 발바닥에 적용하였다.

도연

→ 다영이의 질문에 답하려면 '스티키봇'을 만든 연구원이 도마뱀붙이의 어떤 모습에 주안점을 두어 로봇을 만들었다고 설명하고 있으므로, 도연이가 찾아야 하는 낱말은 '강모'입니다.

2 다음 글을 읽고 물음에 답하세요.

탄소 발자국은 우리가 살아가면서 이산화 탄소를 얼마나 발생시키는지를 계산하여 그것을 발자국으로 표시한 것입니다. 더 자세히 알아볼까요? 탄소 발자국은 무게 단위나 우리가 심어야 하는 나무 그루 수로 표시합니다. 예를 들어 감자칩 한 봉지의 탄소 발자국 마크에 '75g'이라고 표시되어 있다면, 감자 재배에서부터 감자칩 생산까지 제품당 75그램의 이산화 탄소가 배출되었다는 뜻입니다. 보통 ⊙한 사람이 하루 동안 생활하면서 발생시키는 이산화 탄소의 총량은 대략 50킬로그램 정도입니다. 이

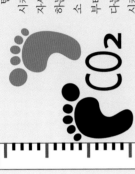

정도로 발자국을 지우기 위해서는 열 그루의 나무를 새로 심어야 한다고 합니다.

탄소 발자국 제도는 온실가스 발생을 줄이기 위해 도입한 제도입니다. 이 제도는 영국에서 처음 시작되었습니다. 우리나라에서도 2009년부터 이를 도입하였

스 등 외국에서도 실시하고 있으며, 우리나라에서도 이를 도입하였습니다.

(1) 이 글에 나온 '탄소 발자국' 제도에 대한 설명으로 알맞은 것은 무엇인가요? (⑤)
① 사람들이 발자국 표시를 따라가면서 나무를 심은 것이다.
② 온실가스를 줄이기 위해 새로 심은 나무의 그루 수를 말한 것이다.
③ 영국이나 프랑스에서 발생하는 이산화 탄소의 양을 나타낸 것이다.
④ 감자 재배에서부터 감자칩 생산까지 필요한 노력을 계산한 것이다.
⑤ 사람들이 생활하면서 발생시키는 이산화 탄소를 발자국으로 표시한 것이다.

→ 탄소 발자국은 우리가 살아가면서 이산화 탄소를 얼마나 발생시키는지를 계산하여 그것을 발자국으로 표시한 것으로, 무게 단위나 우리가 심어야 하는 나무 그루 수로 표시합니다.

(2) 이 글에서 ⊙의 발자국을 지우기 위해 나무 몇 그루를 새로 심어야 한다고 말하였는지 쓰세요.

[열] [그루] ↑

→ 이 글에서는 보통 한 사람이 한 날 동안 생활하면서 발생시키는 이산화 탄소의 총량은 대략 50킬로그램 정도라고 제시하고 있으며, 이 정도의 발자국을 지우기 위해서는 열 그루의 나무를 새로 심어야 한다고 답하고 있습니다. 질문에 답하기 위해서는 이야기에 드러난 문장까지 살펴보아야 하기 때문에 이 문제를 해결하기 위해서는 두 문장에 제시된 정보를 연결하여 답해야 합니다.

(3) 이 글에서 '탄소 발자국' 제도를 도입한 나라를 찾아 모두 ✓표 하세요.

영국	프랑스	중국	대한민국
(✓)	( )	( )	(✓)

→ 이 글에서는 탄소 발자국 제도를 도입한 나라로 영국과 프랑스, 우리나라를 들고 있습니다.

구름을 사랑한 화가

이 글의 중심 화제는 **구름**입니다. 구름과 관련있듯 **역사, 과학, 미술**을 고르네요. 구름에 이름이 새기는 듯 배경을 이해하고, 구름을 그린 화가로서의 나만의 구름을 표현해 보세요.

하늘에 떠 있는 구름은 변신의 제왕입니다. 구름은 하늘 위에서 끊임없이 움직이며 모양과 위치를 바꿉니다. 그래서 금세 사라져 버릴 구름에 누구도 이름을 붙여 부르지 않았습니다. 하지만 이럴 때부터 날씨를 관찰하고 구름을 사랑했던 영국의 두 남자가 있습니다. 이 모양을 그리고 관찰했습니다. 그리고 서로 다르게 생긴 구름의 모양을 분류하고 이름까지 지어 주었습니다.

이후 하워드는 영국 런던의 한 강연회에서 구름을 일곱 가지로 분류한 방식을 공개했습니다. 그의 발표 내용에 따라 하워드는 물론 다양한 분야에서 영향을 받게 되었습니다. 아버지의 직업을 이은 뒤 더 놀라운 점은 하워드의 원래 직업이 기상학자*가 아닌 약제사*라는 것에서 감동받아 더 느껴집니다.

하워드와 같은 시기에 살았던 영국의 위대한 풍경 화가인 존 컨스터블도 그에게 큰 감동을 느꼈습니다. 하워드의 영향으로 하늘을 열심히 관찰하게 되었고, 그 결과 대표작인 「건초 수레」가 탄생하게 되었습니다. 화가 자신의 고향을 배경으로 그린 이 그림 속의 하늘은 실제로 하늘을 보는 듯한 착각이 들 만큼 생생하게 그려져 있습니다.

▲ 「건초 수레」(1821)

▲ 「권운 연구」(1822)

구름과 사랑에 빠진 컨스터블은 구름 그림을 100점이 넘게 그렸습니다. 그뿐만 아니라 하늘 위의 드리운 구름의 모양과 색깔, 움직임을 기록한 날씨 일기를 썼습니다. 이렇게 구름을 사랑한 화가 컨스터블에게 비평가들은 '기상학에 담은 관심을 그림에 담은 최초의 화가'라는 찬사를 보냈습니다. → 기상학에 대한 관심을 그림에 담은 컨스터블

누구보다 구름을 사랑하게 된 특별한 두 사람이 탄생한 배경에는 사실 영국의 기후 환경도 큰 역할을 했습니다. ㉠영국은 흐린 날이 많고 비가 자주 내리는 나라이다 다양한 형태의 구름을 관찰하고 기록할 수 있는 날이 많았을 것입니다. 물론 더 중요한 것은 자신이 좋아하는 것에 대한 그들의 깊은 관심과 애정이었을 것입니다. 여러분도 좋아하는 것에 특별한 관심과 노력을 기울여 보면 분명 이전과는 다른 것들이 보이고 느껴질 것입니다.

→ 하워드와 컨스터블에게 영향을 준 영국의 기후 환경

* **기상학자**: 행성의 대기와 대기의 날씨 현상을 대상으로 하는 자연 과학을 전문적으로 연구하는 사람.
* **약제사**: 과거에 의사와 환자에게 약이름을 제조해 주던 의료인. 현재는 약사 및 한약사 등이 그 역할을 하고 있음.

1 이 글의 내용으로 알맞지 <u>않은</u> 것은 무엇인가요? (④)

① 하워드의 원래 직업은 약제사였다.
② 하워드와 컨스터블은 모두 영국 사람이다.
③ 구름은 이동하고 모양이 바뀌는 특징이 있다.
④ 하워드의 구름 분류 방식은 큰 반응을 얻지 못했다.
⑤ 영국은 일 년 내내 구름이 많고 비가 자주 오는 편이다.

▷ 하워드의 구름 분류 방식은 과학계뿐만 아니라 사회 전반에 걸쳐 큰 감동과 영향을 주었다고 하였습니다.

2 영국의 기후는 ㉠과 같은 특징이 나타납니다. 이러한 기후에 적응하기 위해 평소에 어떤 모습으로 외출해야 할지 그림으로 표현해 보세요.

예) 모자를 쓴 모습, 비옷을 입은 모습, 우산을 들고 있는 모습 등

▷ 흐린 날이 않고 비가 자주 내린다고 하였으므로 비옷을 입은 모습, 우산을 들고 있는 모습 등 그 특징을 살려 그려 봅니다.

구름을 사랑한 화가

3 다음 구름 분류표를 참고하여 구름이 있는 풍경화를 그려 보세요.

상층운
- 권적운: 양털 모양의 작은 덩어리 구름
- 권운: 줄무늬 모양의 구름
- 권층운: 무리가 나타나는 얇은 흰 모양의 구름

중층운
- 고적운: 양 떼가 흩을 지은 모양의 구름
- 고층운: 층 모양의 엷은 흑색 구름

하층운
- 층적운: 두껍고 편평한 덩어리 모양의 구름
- 층운: 층 모양의 구름
- 난층운: 두껍고 눈, 비를 내리는 검은 회색 구름

수직 발달 구름
- 적란운: 수직으로 발달해 탑 모양을 이루는 큰 구름
- 적운: 수직으로 발달한 구름

예) 층적운이 떠 있는 풍경 등

▶ 최근에 관찰한 구름을 그림을 그려 보며 구름 분류표에서 어떤 구름에 해당하는지 찾아봅니다.

4 우리나라의 높은 하늘에는 편서풍이라고 불리는 서쪽 계열의 바람이 붑니다. 그렇다면 우리나라 주변 구름은 주로 어떤 경로로 이동할까요? (⑤)

① 한국 → 중국 → 일본
② 한국 → 일본 → 중국
③ 일본 → 한국 → 중국
④ 일본 → 중국 → 한국
⑤ 중국 → 한국 → 일본

▶ 편서풍은 서쪽에서 시작하여 동쪽으로 부는 바람을 말합니다. 따라서 우리나라에 영향을 미치는 구름은 주로 중국에서 우리나라를 거쳐 일본 방향으로 이동하는 경우가 많습니다.

---

5 다음은 컨스터블이 쓴 날씨 일기 중 하나입니다. 오늘의 날씨 일기를 다양한 표현을 사용하여 써 보세요.

햄프스테드, 1821년 9월 11일 아침 10~11시]
따뜻한 대지 위에 하늘에는 은회색 구름, 약한 남동풍. 온종일 맑음. 그러나 한때 비, 밤에는 순풍.

예)
서울, 20○○년 ○월 ○일 오후 3시
아침에는 맑았던 하늘이 갑자기 어두워지며 회색 구름이 몰려옴. 그러다가 갑자기 엄청나게 쏟아지는 비에 놀라 뛰어 버림.

▶ 오늘의 기온, 구름의 양, 구름의 모양, 바람의 방향, 세기, 특징 등이 드러나도록 써 봅니다.

6 〈보기〉의 10분법 분류 기준에 따라 ㉮, ㉯의 구름양과 날씨를 써 보세요.

보기

구름이 하늘에 전혀 없을 때의 구름양을 0, 구름이 하늘을 완전히 덮고 있을 때의 구름양을 10으로 하고, 구름양의 정도에 따라 0~10의 11단계로 표시한다. 일반적으로 구름양이 0~2일 때에는 '맑음', 3~7일 때에는 '구름 다소', 8~10일 때에는 '흐림'이라고 한다.

	맑음		구름 다소						흐림
기호									
10분법	0	1	2~3	4	5	6	7~8	9	10

㉮
구름양: 예) 1
날씨: 예) 맑음

㉯
구름양: 예) 7~8
날씨: 예) 구름 다소

▶ 사진 속에 보이는 하늘을 분수식의 개념을 적용하여 관찰하여 구름양을 분류 기준에 적용해 봅니다.

ERI 지수 440 예술 | 체육

핵심어 찾기

1. 이 글은 무엇에 대해 설명하는 글인가요? (②)

① 나비 ② 수영법 ③ 물고기
④ 저항력 ⑤ 추진력

➡ 이 글은 물이 저항력에 도전하고 추진력을 높이기 위해 개발한 다양한 수영법에 대해 설명하고 있습니다.

글의 내용을 근거로 답하기

2. 물고기가 빠른 속도로 헤엄칠 수 있는 까닭을 알맞게 말한 친구를 모두 골라 ∨표 하세요.

(1) 천영: 물속에서 움직일 때 물의 흐름에 방해를 받지 않기 때문이야. ( )
(2) 도연: 꼬리를 통해 앞으로 나아갈 수 있는 힘을 얻을 수 있기 때문이야. (∨)
(3) 지혜: 머리가 둥글고 꼬리 쪽으로 갈수록 뾰족해지는 몸의 모양 때문이야. (∨)

➡ 2문단에서 물고기가 물속에서 빠르게 헤엄칠 수 있는 이유는 몸의 모양과 꼬리에서 나오는 힘 덕분이라고 했어요. 구체적으로 머리 부분이 둥글고 꼬리 쪽으로 갈수록 뾰족해지는 몸의 모양과 꼬리를 흔들어 얻는 추진력 때문이라고 할 수 있습니다.

주요 개념 파악하기

3. 다음 수영법에 해당하는 설명을 찾아 선으로 이으세요.

(1) 배영 ── ㉮ 물 위에 누운 상태에서 팔을 돌려서 앞으로 나아가는 수영법

(2) 평영 ── ㉯ 두 팔을 앞으로 뻗어 물을 끌어내리고, 양다리를 모아 아래로 움직이며 앞으로 나아가는 수영법

(3) 접영 ── ㉰ 엎드려 두 발을 오므렸다가 펴면서 앞으로 나아가는 수영법

➡ 3문단의 내용과 제시된 그림을 참고하여 각 수영법에 해당하는 설명을 찾아봅니다.

---

1 물속에서 이동하면 속도가 땅에서보다 훨씬 느려요. 물의 흐름 때문에 방해를 받기 때문이에요. 그래도 사람들은 물속에서 빠르게 이동하려는 노력을 멈추지 않았어요. 물속에서도 빠르게 이동할 수 있다면 사람이 할 수 있는 일이 더 많아지기 때문이에요. 그래서 사람들은 다양한 수영법을 개발하기 시작했어요.

➡ 새로운 것을 만들어서 처음 시작함. 물이나 저항력에 도전하기 위해 개발한 다양한 수영법

2 처음에 사람들은 물고기를 관찰했어요. 물고기가 물속에서 헤엄치기 때문이지요. 물고기는 몸의 모양과 꼬리에서 나오는 힘 덕분에 빠르게 헤엄칠 수 있어요. 물고기의 몸은 물과 평평하게 놓여요. 그래서 물의 흐름에 방해를 적게 받아요. 또 물고기는 머리 부분이 둥글고 꼬리 쪽으로 갈수록 뾰족한 모양을 하고 있어요. 이러한 몸의 모양은 물이 몸 주위를 자연스럽게 흐르도록 만들어요. 저항력이 줄어드는 것이지요. 또 빠르게 헤엄치기 위해서는 몸을 앞으로 나아가게 하는 큰 힘이 필요해요. ㉠이 힘을 추진력이라고 해요. 물고기는 꼬리를 좌우로 또는 위아래로 힘을 주어 앞으로 나아가요.

➡ 물의 모양이나 꼬리의 힘으로 헤엄치는 물고기

3 사람들은 이것을 참고해서 다양한 수영법을 만들었어요. 기본적인 수영법에는 배영, 평영, 접영이 있어요. 먼저 배영은 물 위에 누운 상태에서 팔을 돌려서 앞으로 나아가요. 평영과 접영은 각각 개구리와 나비의 움직임을 닮은 수영법이에요. 평영은 앞으로 팔을 뻗었다가 나비처럼 두 발을 오므렸다가 펴면서 앞으로 나아가요.

➡ 다양한 수영법: 배영, 평영, 접영

▲ 배영

▲ 평영

▲ 접영

4 속도는 접영, 배영, 평영 순으로 빨라요. 평영이 가장 느린 이유는 숨을 쉴 때 머리를 물 밖으로 내놓기 때문이에요. 이때 몸이 ㄱ자 모양이 되어져 물의 방해를 많이 받게 돼요. 또 한 평영은 주로 다리를 통해서 앞으로 나아가는 힘을 얻어요. 그래서 속도가 느려요. 다른 수영법들도 팔과 다리를 모두 써서 나아가는 힘을 얻지요. 사람들은 이렇게 다양한 수영법을 개발해 물의 저항력에 도전해 오고 있답니다.

➡ 속도가 접영, 배영, 평영 순으로 빠른 이유

어휘 익히기

1 낱말 뜻 알기
다음 빈칸에 알맞은 낱말을 〈보기〉에서 찾아 쓰세요.

보기: 개발 저항력 주진력 참고

1. 자동차가 앞으로 나아가려면 (추진력)이/가 좋은 엔진을 가져야 한다.
   뜻 물체를 밀어 앞으로 나아가게 하는 힘.

2. 바람이 세게 불면 이동하는 물체의 (저항력)이/가 커져서 이동하기 힘들다.
   뜻 움직이는 물체가 움직임을 방해하는 힘.

3. 미래 사회의 발전을 위해서는 새로운 삶의 방식을 (개발)하는 것이 중요하다.
   뜻 새로운 것을 연구해서 처음 만들어 내는 것.

4. 문제의 해결책을 찾기 위해서는 선생님께서 보여 주신 예시를 (참고)해야 한다.
   뜻 일이나 공부에 도움이 될 만한 말, 글, 책, 물건 등을 살펴보는 것.

2 관용 표현 알기
다음 빈칸에 알맞은 사자성어를 쓰세요.

"금 상 첨 화"

한자	뜻	음
錦	비단	금
上	위	상
添	더할	첨
花	꽃	화

물고기와 동일한 몸의 모양을 갖추고, 강한 추진력을 얻을 수 있는 방법까지 만들어 낸다면 더할 나위 없이 좋겠죠? 이 사자성어는 비단 위에 꽃을 더한다는 뜻으로, 좋은 일 위에 또 좋은 일이 더하여짐을 이르는 말이에요.

3 한자어 익히기
다음 한자어를 소리 내어 읽고 빈칸에 따라 써 보세요.

方法

| 方 | 모 방 |
| 法 | 법도 법 |

방법(方法): 어떤 목적을 이루기 위해 무엇을 하는 방식.
· 사용 방법을 읽다.
· 무슨 좋은 방법이 없을까?
· 문제를 해결할 수 있는 새로운 방법을 읽어보자.

---

4. ㉠이 가리키는 것은 무엇인지 쓰세요.

[가리키는 말의 의미 파악하기]

몸을 앞으로 나아가게 하는 큰 힘

(→ 바로 앞의 문장에서 찾아냅니다.)

[중심 내용 파악하기]

5. 1~4 문단의 중심 내용을 바르게 정리하지 못한 것에 √표 하세요.

문단	중심 내용	
1	사람들은 물속에서 빠르게 이동하기 위해 다양한 수영법을 개발하기 시작하였다.	( )
2	물고기는 몸의 모양과 꼬리에서 나오는 힘 덕분에 헤엄칠 수 있다.	( )
3	배영, 평영, 접영은 모두 동물의 움직임을 닮은 수영법이다.	( )
4	세 가지 수영법은 접영, 배영, 평영 순으로 속도가 빠르다.	(∨)

(→ 3문단은 배영, 평영, 접영이 동물의 움직임에 대해 설명하고 있습니다. 평영과 접영이 동물의 움직임을 닮은 수영법이라는 내용은 있지만, 배영이 동물의 움직임을 닮은 수영법이라는 내용은 없습니다.)

[제목의 의미 추론하기]

6. 이 글을 읽고 물속에서 나비가 개구리보다 빠른 이유를 다음과 같이 설명할 때, ( ) 안에서 알맞은 말을 골라 ○표 하세요.

물속에서 나비가 개구리보다 빠른 이유

개구리의 움직임을 닮은 수영법인 (평영, 배영)은 몸이 ㄱ자 모양이어서 물이 밖에 물 (적게, 많이) 받고, 주로 다리를 통해서만 추진력을 얻어. 반면에 나비의 움직임을 닮은 수영법인 (평영, 접영)은 팔과 다리를 통해 얻는 추진력이 (적어서, 커서) 빠르게 이동할 수 있어. 그래서 물속에서 나비가 개구리보다 빠르다고 한 거야.

(→ 이 글에서 '개구리'는 평영을, '나비'는 접영을 나타냅니다. ...)

ERI 지수 408 　 예술 | 음악

편경은 고려 시대부터 사용된 우리나라의 전통 악기예요. '경석'이라는 돌로 만들어요. 이 돌은 흔하지 않아서 우리나라에서는 구하기가 어려웠어요. 그래서 옛날에는 편경을 중국에서 가져올 수밖에 없었어요. 그러다가 조선 세종 대왕 때에 우리나라에서 경석이 발견되었어요. 이때부터 편경을 직접 만들 수 있게 되었지요. 우리나라의 편경은 중국의 것보다 소리가 더 아름답고 정확했다고 해요.

㉠편경은 먼저 돌을 갈아 'ㄱ자 모양'으로 만들어요. 이 돌을 두 줄로 나무틀에 8개씩 매달아요.

그리고 단단한 채로 두드려 소리를 내지요. 'ㄱ자는 굽이 맞을 없는 모양과 비슷하죠? 이것은 '좋은 일은 항상 백성을 아끼고 생각한다.'라는 뜻을 반영한 거예요.

→ 편경의 'ㄱ자 모양'을 닮은 것

▲ 'ㄱ자 모양'의 경석

편경은 돌의 두께에 따라 다양한 소리를 내요. 돌이 두꺼우면 음의 높이가 높아지면 낮은 음의 높이를 바꿀 수 있어요.

편경의 소리는 온도의 영향을 거의 받지 않아요. (㉡) 연주할 때마다 조율하지 않아도 되지요. 이렇게 편경은 소리를 항상 일정하게 유지할 수 있어요. 그래서 편경의 소리를 기준으로 다른 악기의 소리를 맞추고 했어요. 조선 시대 사람들은 편경을 악기 중에 으뜸으로 놓았네요. 다른 악기들이 부서지면 다시 만들면 돼요. 그러나 편경이 부서지면 큰일이 나기 때문이지요. 편경이 보물처럼 귀하게 다루어졌던 까닭을 알 수 있겠지요?

내용 파악하기

1. '편경'에 대한 설명으로 알맞지 않은 것은 무엇인가요? (③)

① 편경의 주된 재료는 돌이다.
② 편경은 우리나라의 전통 악기이다.
③ 편경의 소리는 날씨의 영향을 받아 변한다.
④ 우리나라에서 편경을 직접 만든 때는 조선 시대이다.
⑤ 편경의 'ㄱ자 모양은 좋은 왕의 태도를 반영한 것이다.

▶ 4문단에서 편경의 소리는 온도의 영향을 거의 받지 않고 항상 일정하게 유지될 수 있다고 했습니다.

그림으로 표현하기

2. ㉠의 내용을 바탕으로 '편경'을 골라 V표 하세요.

(1)  (V)
(2) 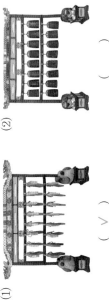 ( )
(3) 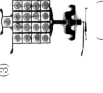 ( )

▶ 'ㄱ자 모양'의 돌이 8개씩 두 줄로 나무틀에 매달려 있는 악기를 골라 봅니다. (1)은 편경, (2)는 편종, (3)은 운라입니다.

이어 주는 말 파악하기

3. ㉡에 들어갈 이어 주는 말로 알맞은 것은 무엇인가요? (③)

① 그리고　　② 그러나　　③ 그래서
④ 그런데　　⑤ 왜냐하면

▶ ㉡의 앞 문장에서는 뒤 문장의 이유에 해당하는 내용을 다루고 있습니다. 따라서 ㉡에는 '그래서'가 들어가야 합니다.

1 낱말 뜻 알기

다음 빈칸에 알맞은 낱말을 <보기>에서 찾아 쓰세요.

<보기> 굼어 반영 조율 일정

1. 고개가 꼬부라짐 (굼어) 있다.
   뜻 한쪽으로 휘어.

2. 공부 시간이 (일정)하지 않아 부모님이 걱정하신다.
   뜻 분명하게 정한 것. 또는 변함없이 한결같은 것.

3. 피아노 (조율)은/는 6개월에 한 번씩 하는 것이 좋다.
   뜻 악기 소리를 기준이 되는 소리에 가깝게 맞추는 것.

4. 이번 반장 선거는 우리 반 학생들의 생각이 제대로 (반영)되었다.
   뜻 어떤 사실이나 내용을 다른 것에 그대로 나타내는 것.

2 관용 표현 알기

다음 빈칸에 알맞은 말을 쓰세요.

"금 이야 옥 이야"

조선 시대 사람들은 평정을 보물처럼 귀하게 여겨 전쟁이 났을 때 우물에 숨겨 놓고 피난을 갔다고 해요. 이 속담은 무엇을 나무는 데 매우 아끼고 중요하게 여겨, 금이나 옥과 같은 보석처럼 귀중하게 여기는 모양을 나타내는 말이에요.

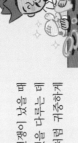

3 한자어 익히기

다음 한자어를 소리 내어 읽고 빈칸에 따라 써 보세요.

百姓 (일백 백, 성씨 성)

백성(百姓): 평범한 일반 국민을 가리키는 옛날 말.
· 백성을 다스리다.
· 어진 임금은 백성을 사랑한다.
· 백성을 억누르면 나라가 망한다.

百 일백 백	姓 성씨 성
百 일백 백	姓 성씨 성

41 정답과 해설

비유적 의미 파악하기

4. 다음에서 땅이 의미하는 것을 찾아 빈칸에 쓰세요.

평정은 먼저 땅의 ㄱ자 모양으로 만들었어요. 이 돌을 두 줄로 된 나무틀에 8개씩 매달아요. 그리고 단단한 채로 두드려 소리를 내지요. ㄱ자는 하늘이 굼어 땅을 닮은 모양과 비슷하죠? 이것은 왕은 항상 백성을 아끼고 생각한다 '라는 뜻을 반영한 거에요.

→ 하늘은 [좋] [은] 을, 땅은 [백] [성] 을 의미한다.

글의 내용을 근거로 답하기

5. 평경이 보물처럼 귀하게 여겨졌던 까닭을 다음과 같이 정리할 때, 빈칸에 알맞은 말을 쓰세요.

평경이 보물처럼 귀하게 여겨졌던 까닭
첫째, 평경이 [재] [료] 를 구하기 어렵기 때문이다.
둘째, 평경은 악기 소리의 [기] [준] 이 되기 때문이다.

글의 내용 적용하기

6. 다음은 이 글을 읽고 친구들이 나눈 대화입니다. ( ) 안에서 알맞은 말을 골라 ○표 하세요.

평경의 음을 낮은 소리로 맞추려면 돌의 두께를 어떻게 해야 할까?

돌을 (갈아서, 쌓아서) 두께를 (두껍게, 얇게) 만들어 야 해.

ERI 지수 **428** 예술 | 수학

우리의 일상생활은 '초'와 '분', '센티미터(cm)'와 '미터(m)', '그램(g)'과 '킬로그램(kg)' 등 다양한 단위로 가득해요. 이러한 단위는 언제, 왜 만들어졌을까요? 단위는 ⊙물물 교환을 때문에 만들어졌어요. 사람들은 물물 교환을 하면서 물건의 길이나 무게를 정확하게 재고 싶어 했어요. 그래야 거래에서 손해를 안 보기 때문이지요. 이때부터 사람들은 저울이나 자처럼 물건을 만들면서 도구를 통일하려 했어요. 도구를 통일하려면 기준이 있어야겠죠? 이 기준을 만들면서 탄생한 것이 단위예요.

단위는 이집트에서 처음 만들어졌어요. 이 단위의 이름은 '큐빗(cubit)'이에요. 큐빗은 팔꿈치에서부터 세 번째 손가락까지의 길이를 뜻해요. 1큐빗은 약 45.8cm라고 해요. 이집트의 피라미드도 큐빗을 ⓛ 밑본에 만들어야 했어요. 피라미드를 만들기 위해서는 재료가 되는 돌을 쌓아야 하는데, 돌의 높이를 일정하게 쌓지 않으면 틈이 생겨 무너질 수 있어요. 실제로 피라미드 밑면의 네 변 길이는 20cm밖에 차이 나지 않는다고 해요. 돌의 크기가 다르면 어떤 일이 생길까요? 높이 쌓기가 가능했을까요? 단위를 사용해서 돌의 길이를 정확하게 재기 때문에 ⓒ이것이 어떻게 가능했을까요?

▲ 큐빗 덕분에 만들어졌을 수 있었던 이집트의 피라미드

▲ 이집트의 피라미드

다른 나라도 자신들만의 단위를 만들기 시작했어요. 그런데 나라 간 교류가 많아지자 단위가 문제가 됐어요. 서로 다른 단위를 통일해야 할 필요가 생긴 거지요. 그래서 프랑스에서는 '미터법'을 만들었어요. 미터법은 'm', 'kg'을 단위로 사용해요. 현재 많은 나라에서 미터법을 사용하고 있어요. 우리나라에서도 1960년대부터 미터법을 사용하기로 했고요. 이렇게 해서 여러 나라가 동일하게 물건을 잴 수 있게 되었답니다.

▲ 미터법으로 통일된 단위

세부 내용 추론하기

1. ⊙에 대한 설명으로 알맞으면 ○표, 알맞지 않으면 ×표 하세요.

(1) 돈을 사용하지 않는 거래이다. (○)

(2) 서로 다른 물건을 맞바꾸기도 했다. (○)

(3) '단위'가 만들어진 후 이루어지기 시작했다. (×)

➡ '물물교환'에서 시작되었고 물건을 재기 위한 도구를 통일해야 할 필요가 제기되었고, 그 결과로 단위란 것이 탄생하였으며, 단위가 만들어진 후 물물 교환이 활발하게 이루어지기 시작했다는 설명이 시작됐던 것은 아니다. 따라서 '단위'가 만들어진 후 이루어지기 시작했다고 하였으므로 알맞지 않은 설명입니다.

세부 내용 파악하기

2. '단위'가 만들어진 까닭으로 가장 알맞은 것은 무엇인가요? (④)

① 거래에서 돈을 받기 위해서

② 필요한 도구를 만들기 위해서

③ 이집트의 피라미드를 만들기 위해서

④ 물건의 길이나 무게를 정확하게 재기 위해서

⑤ 나라 간 교류가 활발하게 이루어질 수 있도록 하기 위해서

➡ 단위에 물물 교환이 시작되면서 단위가 만들어졌으며, 물물 교환을 하면서 단위가 필요했던 까닭은 물건의 길이나 무게를 정확하게 재기 위해서라고 제시되어 있습니다.

낱말 뜻 짐작하기

3. ⓛ과 '탓'의 쓰임을 비교해 보고, ( )안에서 알맞은 낱말을 골라 ○표 하세요.

덕분 — 나는 선생님의 칭찬 덕분에 포기하지 않을 수 있었다.
이집트의 피라미드는 단위 덕분에 만들어질 수 있었다.

탓 — 날씨 탓에 소풍이 취소되었다.
나는 성적이 급한 탓에 실수를 자주 하는 편이다.

↓

'덕분'은 남에게서 받은 도움이나 은혜를 뜻하는 말로, (**긍정적**, 부정적)인 내용의 문장에 쓰이고, '탓'은 어떤 일이 잘못된 까닭을 뜻하는 말로, (긍정적, **부정적**)인 내용의 문장에 쓰인다.

➡ '덕분'은 남에게서 받은 도움을 의미하는 말입니다. 그래서 긍정적인 내용의 문장에서 주로 쓰입니다. '탓'은 부정적인 일이 생긴 까닭을 의미하는 말입니다. 그래서 부정적인 내용의 문장에서 주로 쓰입니다.

어휘 익히기

1 낱말 뜻 알기
다음 빈칸에 알맞은 낱말을 <보기>에서 찾아 쓰세요.

• 보기 •
거래   통일   탄생   교류

1. 남북한 (교류)이가 활대되고 있다.
   뜻 다른 곳에 사는 사람들이 서로 만나거나 연락하면서 물건이나 의견을 주고받는 것.

2. 여러 친구의 생각을 (통일)하는 것은 어려운 일이다.
   뜻 여러 다른 것을 같게 맞추는 것.

3. 새로운 문명이 (탄생)하면서 사람들이 삶이 빠르게 바뀌어 있다.
   뜻 조직, 제도, 사업체 등이 새로 생김.

4. 새것 같은 최신형 스마트폰이 중고 시장에서 반값에 (거래)되고 있다.
   뜻 이익을 얻으려고 물건을 사고팔거나 돈을 빌리고 빌려주는 것.

2 관용 표현 알기
다음 빈칸에 알맞은 말을 쓰세요.

"혀 를 내두르다"

이집트 피라미드의 네 변은 각도 자로 잰 것처럼 딱 맞는다고 해요. 실제로 밑면의 네 변 길이가 20cm밖에 차이 나지 않는다고 하니 정말 놀랍지요? 이 관용어는 몹시 놀라거나 어이없어서 말을 못 할 정도를 나타낼 때 쓰는 말이에요.

3 한자어 익히기
다음 한자어를 소리 내어 읽고 빈칸에 따라 써 보세요.

同	一
같을 동	하나 일

동일(同一): 어떤 것과 서로 다르지 않고 똑같음.
• 동일한 상품.
• 내 생각도 너의 생각과 거의 동일해.
• 이것자와 저것은 서로 다르지 않고 동일하다.

同	一
같을 동	하나 일

가리키는 말의 의미 파악하기
4. ⓒ이 의미하는 내용은 무엇인가요? (⑤)
① 이집트에서 처음 단위가 만들어진 것
② 이집트의 피라미드라는 거대한 건축물을 만드는 것
③ 이집트 사람들이 규빗을 활용하여 피라미드를 만드는 것
④ 몇백 년에 걸쳐 거대한 규모인 피라미드의 크기를 잰 것
⑤ 피라미드 밑면의 네 변 길이가 20cm밖에 차이 나지 않는 것

➡ '이것'은 앞에서 말한 대상이나 내용을 가리키는 말입니다. ⓒ 앞에는 피라미드 밑면의 네 변 길이가 20cm밖에 차이가 날 정도로 돌들의 크기가 비슷하다는 내용이 있습니다. 그러므로 ⓒ이 의미하는 내용은 '피라미드 밑면의 네 변 길이가 20cm밖에 차이 나지 않는 것'이라고 생각할 수 있습니다.

주요 개념 파악하기
5. 이 글의 내용을 바탕으로 빈칸을 채워 '단위'의 의미를 정리해 보세요.

단위란 물건의 길이나 무게를 재어 통 일 시킬 수 있는 기 준 을 뜻한다.

➡ 1문단에 물건의 길이나 무게를 잴 ...
➡ 1문단에서 단위가 물물 교환을 통일하기 ...

생략된 내용 짐작하기
6. <보기>를 참고하여 사람들이 단위를 통일해야겠다고 생각한 이유를 짐작하여 쓰세요.

보기

교통수단의 발달로 1870년대 프랑스와 영국 상인 등 여러 나라의 상인들로 북적거렸습니다. 프랑스 상인들에게는 독일 상인보다 영국 상인이 더 인기가 많았습니다. 프랑스 상인은 주로 다른 나라 상인들과 비단 한 필을 주고 고기 한 덩어리를 받는 물물 교환을 주로 하였는데, 독일의 고기 한 덩어리보다 영국의 고기 한 덩어리의 무게가 훨씬 더 무거웠기 때문입니다. 영국 상인들이 워낙 인기가 좋았기 때문에, 시장에 늦게 도착하면 영국 상인들과 거래할 수 있는 기회를 다른 상인들에게 빼앗길 수밖에 없었습니다. 시장에 늦게 도착해서 손해를 본 프랑스 상인들은 "독일이랑 물물 교환을 해서 손해를 봤어. 내 물건은 더 일찍 시장에 나와야지!"라고 말했습니다.

나라 간 물물 교환에서 서로 손해를 보지 않기 위해 단위를 통일해야겠다는 생각을 하게 되었다.

ERI 지수 **417** 예술 | 미술

여러분은 그림 그리기에서 무엇이 가장 중요하다고 생각하나요? 모네는 그림 그리기에서 '관찰'을 중요하게 생각했어요. 그래서 그리는 시간보다 관찰하는 시간이 더 오래 걸리곤 했대요. 어떤 사물을 그림으로 표현하려면 많이, 오래 봐야 하니까요. 모네는 빛을 그리고 싶어 했어요. 그런데 빛은 모양이나 색깔이 없죠? 그래서 모네는 사물에 비친 빛을 관찰하기 시작했어요. 빛에 따라 달라지는 사물의 순간적 느낌을 통해 빛을 그리려 한 거예요. (㉠) 모네는 낮에나 밤에나 항상 야외로 나갔어요. 그리고 모네는 수많은 사물을 여러 번 그렸어요. 빛에 따라 사물이 느껴지기 때문이에요. 모네는 30년 동안 수련*이 핀 연못에 비친 빛을 그리기 위해서 수련* 그림만 250여 점을 그렸어요.

▲ 「수련」(1906)

▲ 「수련 – 나무의 반영」(1919)

옛날 사람들은 사람을 사진처럼 똑같이 그리는 것을 중요하게 그리는 것을 중요하게 평가했어요. 그래서 똑같이 그리는 모네의 그림을 나쁘게 평가했어요. 그래서 독특한 거예요. 사물을 계속 다르게 그리는 모네는 사람을 그리기 위해 노력한 화가였어요. 빛 때문에 순간으로 달라지는 사람의 모습을 보이는 그대로 그리려 했으니까요. (㉡) 모네는 사람의 모습을 보이는 그대로 그리려 했어요.

시간이 흐를수록 모네의 그림도 달라졌어요. 처음 그린 수련 그림은 모양과 색깔이 뚜렷했어요. 그러나 점점 흐릿하게 변해 갔어요. 수련과 연못이 구분되지 않을 정도로요. 사람들은 그 까닭을 모네의 눈이 안 좋아졌기 때문이라고 말해요. 모네는 눈이 나빠진 후에도 그림을 계속 그렸어요. 그래서 색깔도 흐릿하게 보이니까요. 여러분은 모네의 그림을 어떻게 생각하나요?

→ 시간이 흐르면서 달라진 모네의 그림

*수련: 연못에 피는 꽃 또는 물풀의 한 종류.
*점: 그림이나 옷을 세는 단위.

세부 내용 파악하기

1. 모네가 그림 그리기에서 가장 중요하게 생각한 것은 무엇인가요? (④)
① 사물과 친해지는 것
② 야외 풍경을 그리는 것
③ 사물을 화려하게 표현하는 것
④ 오랜 시간 동안 사물을 관찰하는 것
⑤ 좋은 빛을 낼 수 있는 물감을 사용하는 것

➡ 글 첫 문단에서 모네는 그림 그리기에서 '관찰'을 중요하게 생각하여 관찰하는 시간보다 그리는 시간이 더 오래 걸렸다고 하였습니다.

세부 내용 파악하기

2. 모네가 특정한 수련을 여러 번 그린 까닭은 무엇인가요? (⑤)
① 수련의 다양한 색깔을 그림으로 표현하기 위해
② 더 많은 사람에게 수련의 아름다움을 알리기 위해
③ 시간의 흐름에 따라 수련의 자라는 모습을 그리기 위해
④ 실제 수련의 모습을 똑같이 재현한 그림을 완성하기 위해
⑤ 빛에 따라 달라지는 수련의 순간적 느낌을 통해 빛을 그리기 위해

➡ 글 마지막에서 모네는 빛에 따라 달라지는 사물이 순간적 느낌을 그리려 했었고, 수련에 비친 빛을 그리기 위해 수련 그림을 250여 점이나 그렸다는 것을 알 수 있습니다.

글의 내용을 근거로 답하기

3. 옛날 사람들은 왜 모네의 그림을 나쁘게 평가했나요? (③)
① 모네가 그림을 너무 오랫동안 그려서
② 모네의 그림이 지나치게 화려해 보여서
③ 모네의 그림이 대충 그린 것처럼 보여서
④ 모네가 다양한 색깔을 사용하여 그림을 그려서
⑤ 모네의 그림이 사진처럼 사람의 모습과 똑같아서

➡ 2문단에서 옛날 사람들은 사람을 사진처럼 똑같이 그리는 것을 중요하게 생각했기 때문에 똑같이 그리지 않은 모네의 그림을 나쁘게 평가했다고 하였습니다.

이어 주는 말 파악하기

4. ㉠과 ㉡에 들어갈 알맞은 말을 〈보기〉에서 찾아 쓰세요.

보기
그래서   그러나   왜나하면

• ㉠: (그래서)   • ㉡: (그러나)

➡ ㉠의 앞 문장은 뒤 문장에 제시된 모네의 행동이 일어난 이유를 제시하고 있습니다. 그러므로 두 문장을 연결할 때 ㉠에 앞 문장이 뒤 문장의 이유나 원인이 되도록 하는 말이 들어가야 합니다. ㉡의 앞 문장은 그러한 모네에 대한 평가입니다. 그러므로 두 문장을 3단계 심화_4주차 연결할 때에는 앞 내용과 뒤 내용이 서로 다르다는 것을 나타내는 말이 들어가야 합니다.

1 낱말 뜻 알기
다음 빈칸에 알맞은 낱말을 <보기>에서 찾아 쓰세요.

보기
순간적   아예   평가   형체

1. 날씨가 좋아서 선생님께서 (야외) 수업을 허락해 주셨다.
   뜻 집 밖이나 건물의 바깥. 지붕이나 벽으로 둘러싸여 있지 않은 곳.

2. 책을 읽다가 (순간적)(으)로 무언가 잘못되었음을 깨달았다.
   뜻 아주 짧은 동안에 일어난. 또는 그런 것.

3. 사물의 가치를 (평가)할 때에는 여러 기준을 생각해야 한다.
   뜻 값어치나 수준 같은 것을 헤아리는 것.

4. 여름에 아이스크림을 밖에 꺼내 놓으면 금세 (형체)도 없이 녹아 버린다.
   뜻 겉으로 보이는 생김새. 또는 바탕이 되는 물체.

2 관용 표현 알기
다음 빈칸에 알맞은 말을 쓰세요.

"한 우물 파다"

모네는 숨을 거두기 전까지 약 30년 동안 연못에 핀 수련 그림만 250여 점을 그렸다고 해요. 이 관용어는 한 가지 일에 몰두하여 끝까지 하는 것을 뜻하는 말이에요.

3 한자어 익히기
다음 한자어를 소리 내어 읽고 빈칸에 따라 써 보세요.

事物(사물): 어떤 일이나 물건을 모두 가리키는 말.
• 사물을 관찰하다.
• 모든 사물을 다 눈으로 볼 수 있는 것은 아니다.
• 모양과 색깔에 따라 사물의 모습을 다르게 보인다.

事	物
일 사	만물 물
事	物
일 사	만물 물

세부 내용 추론하기

5. 이 글의 내용을 바탕으로 빈칸을 채워 모네의 수련 그림이 달라진 이유를 정리해 보세요.

모네는 빛에 따라 순간적으로 달라지는 사물의 모습을 보이는 그대로 그리려고 했다. 그런데 시간이 흐를수록 모네의 수련 그림들이 점점 흐릿해졌다. 모네가 나이가 들면서 (눈이 안 좋아졌기) 때문이다. 그래서 점점 수련의 형체가 분명하지 않고 색깔도 (흐릿하게) 그리게 된 것이다.

모네는 눈이 나빠진 상태에서도 눈에 보이는 대로 그림을 그리는 방식으로 수련 그림을 그렸고, 그러다 보니 그림이 점점 흐릿하게 변해 간 것이라 추측해 볼 수 있습니다.

(문) 인물에 대한 생각이나 느낌 말하기

6. 다음은 모네가 '루앙 대성당' 그림을 수십 장 그리고 나서 부인 알리스에게 보낸 편지입니다.
여러분이 알리스라면 모네에게 어떤 답장을 보낼지 써 보세요.

▲ '아침의 루앙 대성당'   ▲ '낮 12시의 루앙 대성당'   ▲ '흐림 낌의 루앙 대성당'

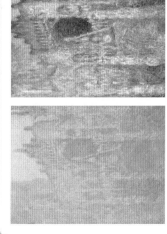

얼마나 힘든 작업인지…… 밤새 악몽만 꾼 적도 있소. 대성당이 내 위로 무너져 내렸는데, 아 그게 파란색으로, 분홍색으로, 혹은 노랑 색으로도 보이지 뭐요.

— 1892년 4월 3일, 모네가 부인 알리스에게 보낸 편지 중에서

모네에게
예) 빛에 따라 달라지는 루앙 대성당의 다양한 모습을 다양한 세상로 표현해 내다니.
정말 대단해요. 저는 루앙 대성당이 하나의 색깔이라고 생각했는데 당신의 그림을 보니 제 저 관찰력이 정말 부족했다는 걸 느껴요. 당신의 그림을 통해 그림 그릴 때에 사물을 관찰하는 것이 얼마나 중요한지 깨달을 수 있었어요.

글에 드러난 인물의 행동을 바탕으로 자신의 생각이나 느낌을 구체적으로 쓰면 됩니다.

05회 읽기 방법 익히기

1 핵심어 찾기

글의 의미를 파악하기 위해서는 글의 핵심어를 찾아낼 수 있어야 합니다. '핵심어'란 글에서 가장 중요한 낱말, 글의 전체 내용을 대표하는 낱말을 뜻합니다. 한 편의 글은 글의 핵심어에 대해 자세하게 설명하거나 생각이나 느낌을 나타내는 내용으로 이루어져 있습니다.

★ 글에서 핵심어를 찾으려면,

(1) 반복되는 낱말을 찾아봅니다.

(2) 비슷한 뜻을 가진 낱말을 찾아 하나의 낱말로 묶어 봅니다.

(3) (1)과 (2)에서 찾은 낱말이 글의 전체 내용과 관련되는지 판단해 봅니다.

(4) 글의 전체 내용을 대표할 수 있는 낱말이 글의 핵심어입니다.

1 다음 글의 핵심어와 판단 이유를 모두 바르게 말한 친구에게 V표 하세요.

사람들은 물고기가 헤엄치는 방법을 참고해서 다양한 수영법을 만들었어요. 기본적인 수영법에는 자유형, 배영, 평영, 접영이 있어요. 먼저 배영은 물 위에 누운 상태에서 움직이며, 팔을 돌려서 앞으로 나아가는 힘을 얻지요. 평영과 접영은 각자 개구리와 나비의 움직임을 닮은 수영법이에요. 평영은 개구리처럼 양팔과 두 발을 오므렸다가 펴면서 앞으로 나아가요. 접영은 나비처럼 두 팔을 앞으로 뻗어 물을 끌어내려요. 그리고 양다리를 모아 위아래로 움직이며 앞으로 나아가지요.

다영 ( )
핵심어는 '수영'이야. 물고기가 헤엄치는 방법과 배영, 평영, 접영 등 사람들이 만든 수영법의 다른 점을 말하고 있으니까!

도윤 (V)
핵심어는 '수영법'이야. 수영법, 배영, 평영, 접영 등 비슷한 뜻인 낱말이 반복되고 있고, 글의 전체 내용을 대표하니까!

지혜 ( )
핵심어는 '물고기'야. 배영, 평영, 접영 등 물고기가 헤엄치는 방법을 교에서 헤엄치는 수영법에 대해 설명하고 있으니까!

▶ 이 글에서 반복되는 낱말은 수영법, 배영, 평영, 접영 등입니다. 이 중 다양한 수영법을 소개하고 있는 글의 전체 내용을 대표할 수 있는 낱말은 수영법입니다. 핵심어와 판단 이유를 모두 바르게 말한 친구는 도윤입니다.

2 다음 글을 읽고 물음에 답하세요.

겨울이 되면 여러 활동을 멈추고 잠은 겨울잠을 자는 것이 어렵고 체온을 유지하기 어려워서 많은 양으로 들어가 잠을 자는 것이 겨울잠이에요. 동물들이 겨울잠을 자는 방법은 다양해요. 개구리나 개구리, 뱀은 겨울 내내 잠을 자요. 그리고 잠을 자는 동안에는 숨도 거의 쉬지 않고 먹이도 먹지 않아요. 곰이나 누더지도 겨울을 내내 자요. 하지만 잠을 자는 중간에 일어나서 먹이를 먹기도 하고 숨도 쉬어요. 동물마다 겨울잠을 자는 방법이 다르지만 모두 날씨가 따뜻해지는 봄이 되면 잠에서 깨어나 다시 활발한 활동을 시작합니다.

(1) 이 글에서 같거나 비슷한 뜻을 가지면서 반복되는 낱말에 ○표 하세요.

→ '겨울잠', '잠' 등의 낱말이 반복되고 있습니다.

(2) (1)의 낱말들을 종합하여 이 글이 무엇에 대한 글인지 생각해 보고, 빈칸에 공통으로 들어갈 낱말을 쓰세요.

↑ 이 글은 | 겨 | 울 | 잠 | 을 자는 동물들이 시례를 다양하게 제시하고 있다. 따라서 이 글은 | 동 | 물 | 들 | 의 | 겨 | 울 | 잠 | 에 대한 글이라고 할 수 있다.

→ 겨울잠을 자는 다양한 동물들이 겨울잠에 대한 사례를 제시하고 있습니다. 그러므로 이 글은 동물들의 겨울잠에 대한 글이라고 할 수 있습니다.

3 다음 글은 무엇에 대한 글인지 빈칸에 알맞은 낱말을 쓰세요.

여러분, 읽기란 무엇일까요? 우리의 일상에서 '읽기'라는 말은 매우 많이 사용됩니다. 책 읽기, 신문 읽기, 교과서 읽기, 블로그 읽기, 누리 소통망(SNS) 읽기 등 '읽기'라는 말을 사용하는 다양한 장면을 쉽게 떠올릴 수 있죠. 심지어는 '친구의 속마음을 읽는다'라고 말하기도 합니다. 그런데 왜 책을 읽는 것과 사람의 마음을 읽는 것을 모두 '읽는다'라고 말하지만 각자의 안의 어느 분명하게 다릅니다. 책을 읽는다는 것은 문자의 의미를 파악하여 내용을 파악한다는 것을 의미하고, 사람의 마음을 읽는다는 것은 친구의 표정이나 행동을 보고 그 친구의 의도나 마음을 알아차린다는 것을 의미하니까요. 우리는 책도 읽을 수 있고 사람의 마음도 읽을 수 있습니다. '읽는다'는 것은 대상에 대해 충분히 알고 이해한다는 것을 의미하는 것이기 때문이에요. 이제 읽기가 무엇인지 알겠지요?

↑ | 읽 | 기 | 의 의미에 대해 설명하는 글이다.

→ '읽기', '읽는다'는 등의 비슷한 뜻을 가진 낱말이 반복되고 있습니다. 그러므로 이 글은 읽기의 의미에 대한 글입니다.

2 생략된 내용 짐작하기

글의 세부적인 내용을 정확하게 이해하기 위해서는 생략된 내용을 짐작하며 글을 읽어야 합니다. 짐작하며 글을 읽는다는 것은 글이 진행되는 과정이나 결과를 상상하거나 추측하여 글에 제시되지 않은 내용까지도 알아내는 것을 뜻합니다. 글에 직접적으로 제시되지 않은 사건의 앞뒤 생활, 일이나 사건의 마음이나 인물의 앞뒤 생활 등을 짐작하며 읽으면 글을 더 깊이 있게 이해할 수 있습니다.

★ 글에서 생략된 내용을 짐작하며 읽으려면,

(1) 글 속의 일이 일어난 상황을 상상하거나 마음속에 떠올립니다.
(2) 상상한 상황을 상상하거나 마음속에 떠올립니다.
(3) 일의 순서 중에서 글에 제시되지 않은 부분을 확인합니다.
(4) 상상한 내용이나 찾은 정보를 활용하여 생략된 부분을 채워 넣습니다.

1 다음 글에서 생략된 내용을 바르게 짐작한 친구를 모두 골라 ∨표 하세요.

단어는 이집트에서 처음 만들어졌어요. 이 단어는 팔꿈치에서부터 세 번째 손가락까지의 길이를 나타내요. 이집트의 파라미드는 이 단어의 단위로 만들어질 수 있었어요. 파라미드의 크기는 매우 크지요. 하지만 밑면이 네 변 길이는 거의 차이 나지 않지요. 이것이 어떻게 가능했을까요? 단어를 사용해서 돌의 길이를 정확하게 잴 수 있기 때문이에요.

> 파라미드를 만들기 시작했을 때, 돌의 크기가 달라서 파라미드를 만드는 데 문제가 생겼을 거야.
>
> 효민 (∨)

> 이집트 사람들도 파라미드를 만들기 전에 길이 돌의 크기를 재기 위한 방법에 관한 회의를 했을 거야.
>
> 예지 (∨)

> 단어를 만든 후부터 파라미드의 돌을 같은 크기로 만드는 것이 쉬워졌을 거야.
>
> 한결 (∨)

> 현민이와 예지는 이집트에서 단어가 만들어지기 전의 상황을, 한결이는 단어를 만든 이후의 상황을 짐작하고 있습니다.

---

2 다음 글에서 생략된 내용을 모두 골라 ∨표 하세요.

편경은 고려 시대부터 사용된 우리나라의 전통 악기예요. '정석'이라는 돌로 만들어요. 이 돌은 흔하지 않아서 우리나라에서는 구하기가 어려웠어요. 그래서 옛날에는 편경을 중국에서 가져올 수밖에 없었어요. 그러다가 조선 세종 대왕 때에 우리나라에서 정석이 발견되었어요. 이때부터 편경을 직접 만들 수 있게 되었지요. 우리나라의 편경은 중국의 것보다 소리가 더 아름답고 정확했다고 해요.

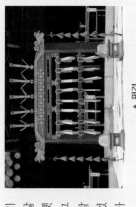
▲ 편경

(1) 우리나라에서 정석을 발견하기 전에 편경을 구한 방법 (∨)
(2) 조선 세종 대왕 때에 편경을 직접 만드는 방법과 편경 제작의 과정 (∨)
(3) 직접 만든 편경이 나는 소리를 들은 조선 시대 사람들의 마음 (∨)

> (1)은 중국에서 편경을 가져왔다고 제시되어 있으므로 생략된 내용이 아닙니다. (2)는 조선 세종 대왕 때에 편경을 직접 만들었다는 내용입니다. (2)와 (3)은 모두 이 글에 제시되어 있지 않은 내용이므로 정답에 관련된 내용입니다. (3)은 편경을 직접 만든 이후의 정확과 관련된 내용입니다. 편경 연주와 관련된 내용이고, (3)은 편경을 직접 만든 이후의 정확과 관련된 내용이므로 생략된 내용이라 할 수 있습니다.

3 다음 글에 어떠한 내용이 생략되었을지 생각해 보고, ㉠~㉢에 들어갈 내용을 짐작하여 쓰세요.

지훈이는 자신의 피아노 연주를 녹음하기 위해, 피아노 소리가 가장 잘 들리는 위치에 핸드폰을 두고 열심히 피아노를 연주하였다. (㉠) 그래서 자주 피아노 전반에서 손가락이 미끄러져 실수를 하게 되었다. 지훈이는 곧바로 화장실로 두드릴 수 있었다. (㉡) 화장실에 다녀온 뒤부터도 피아노 전반을 미끄러짐 없이 두드릴 수 있었다. (㉢) 핸드폰을 확인한 지훈이는 다시 처음부터 피아노 연주를 녹음하기 시작하였다.

- ㉠ (예) 지훈이는 연주를 너무 열심히 해서 손가락이 땀에 젖었다.
- ㉡ (예) 화장실에서 휴지로 땀을 닦았다.
- ㉢ (예) 핸드폰이 녹음 파일을 확인한 지훈이는 녹음이 되지 않았음을 알게 되었다. / 핸드폰이 녹음 파일을 얻게 되었다.

> 일을 확인한 지훈이가 자신의 피아노 소리가 기대했던 수준에 미치지 못하는 것을 얻게 되었다.

이 미끄러져 실수를 하게 된다는 내용으로 ㉠에는 피아노 연주를 하는 내용이므로, 뒤 문장인 전반에서 손가락이 미끄러지는 이유가 들어가야 합니다. ㉡의 앞 문장은 화장실을 다녀오기 위해 열심히 피아노 연주를 하는 것이므로 ㉠에는 피아노 전반에서 손가락이 미끄러지는 내용이, ㉡에는 화장실을 다녀온 후로, ㉢에는 핸드폰으로 녹음한 내용 이후부터 손가락이 미끄러지지 않게 된 이유가 들어가야 합니다. ㉢의 앞 문장은 녹음 파일을 확인한 후로, ㉢에는 핸드폰을 확인할 때, ㉢에는 핸드폰으로 녹음한 지훈이가 다시 녹음을 시작한다는 내용이므로, ㉢에는 녹음이 시작하게 된 이유가 들어가야 합니다.